BAGNES, PRISONS

ET

CRIMINELS.

IMPRIMERIE DE BOURGOGNE ET MARTINET
Rue du Colombier, 30.

BAGNES, PRISONS

ET

CRIMINELS.

PAR B. APPERT.

— I —

PARIS.

GUILBERT,	ROUX,
QUAI VOLTAIRE, 21 BIS.	RUE DES GRAVILLIERS, 34.

1836.

Depuis des siècles, les législateurs de toutes les nations modifient les lois; elles deviennent successivement plus ou moins sévères, suivant l'état de la société sur laquelle on veut exercer leur influence, pour empêcher le mal ou pour le punir. Des esprits également éclairés veulent un système de punition qui permette toujours au coupable de compter sur l'oubli de ses fautes, ou des peines qui ne laissent au condamné aucune espérance. Nous ne voulons pas blâmer cette excessive sévérité ; cependant le légiste, quelque élevée que soit sa position, ne doit jamais oublier les faiblesses de l'espèce humaine, mais bien suivre les préceptes de l'Evangile, et tendre une main secourable au malheureux qu'une vie licencieuse a séparé du reste de la société.

Pour nous, qui avons étudié avec une scrupuleuse attention les mœurs, les habitudes des prisonniers, nous croyons qu'il est toujours possible de ramener au bien ceux qui ne sont pas tout-à-fait gangrenés, entièrement corrompus.

C'est d'après cette conviction que nous avons appelé de tous nos vœux l'abolition de la *marque*, et que nous demandons aujourd'hui celle des peines infamantes.

La peine de mort rencontre autant de partisans que d'adversaires; et, pour donner notre opinion à cet égard, nous devons avouer que par sentiment nous voudrions qu'on pût l'abolir, mais que notre esprit n'est point encore certain que le moment en soit venu. Pour changer raisonnablement cette partie de notre législation, il faudrait savoir si la crainte de la mort est moins puissante sur l'imagination des criminels, que celle de tout autre châtiment qui la remplacerait; et comme, dans cet ouvrage, nous aurons plusieurs fois l'occasion de traiter cette matière, nous soumettrons franchement au lecteur nos observations sur les avantages ou les in‑ convéniens de cette peine.

Dans des écrits qui font honneur à leurs auteurs, on demande l'exportation ou le système pénitentiaire, l'emprison‑ nement solitaire ou la colonisation; et ce qui nous paraît consolant pour l'huma‑ nité, c'est que dans toutes ces publica‑ tions on s'accorde à reconnaître que le système actuel d'emprisonnement est vicieux, ne corrige pas, et devient plu‑ tôt pour ceux qui le subissent une école d'enseignement mutuel de perversité et de dépravation.

Nous savons qu'il n'est pas facile de découvrir ce qu'il convient de faire des prisonniers dans l'intérêt de la société;

mais, pour être juste, il faut éviter l'influence d'une excessive compassion ou d'une trop rigoureuse sévérité. Apprécier les nombreux et divers caractères des condamnés, parvenir à connaître les véritables causes de leur immoralité, est un problème qu'on ne peut résoudre comme une question scientifique. D'un côté, les élémens de la proposition du problème sont connus; de l'autre, les termes en sont cachés soigneusement, et cela par une ruse d'autant plus efficace qu'elle est pour le coupable le résultat d'une longue étude et d'une continuelle application. Arriver aux secrets du cœur d'un homme placé dans cette position, déterminer le point de départ du mal et le degré où il peut parvenir, voilà ce qu'il faut pour faire de bonnes lois et en rendre l'effet aussi utile aux honnêtes gens qu'aux criminels.

Cette vérité une fois admise, nous devons reconnaître que, malgré les meilleures intentions, le législateur ne s'est jamais assez livré à la recherche de cette importante découverte. Bâtir des prisons solides, y loger pêle-mêle les condamnés, employer des chaînes ou les cachots pour obtenir une espèce de discipline et d'obéissance : tel est en masse le système de détention en France et dans la plupart des pays de l'Europe. Aussi tout s'améliore autour de nous, excepté la nombreuse classe des prisonniers, dont on ne s'occupe pas, et qui pourtant est la plus dangereuse et la plus à craindre pour la moralité publique.

L'étude des grands coupables est une sorte d'anatomie du cœur et de l'esprit qui ne s'apprend pas par des lectures ou des théories, ni par quelques visites dans les prisons. L'homme qui a souvent trompé est toujours sur ses gardes; il est constamment comédien, et croit peu à l'intérêt qu'on lui témoigne; et je dois dire que, malgré mes fréquentes visites aux bagnes et aux prisons, mon expérience ne suffit pas toujours pour connaître la vérité, quoique les prisonniers sachent bien que leurs confidences, dans aucun cas, ne sont révélées par moi; mais il est dans leur nature d'être dissimulés; et ce sentiment agit souvent sur leur esprit plus puissamment que la confiance qu'ils m'accordent.

On conçoit alors avec quelle attention,

quelle prudence, quelle discrétion, il faut étudier l'intérieur d'une prison et les hommes qui s'y trouvent, pour bien juger leurs mœurs, leurs habitudes ; et ce n'est qu'après une longue suite d'observations que l'on pourra déterminer quel serait le *châtiment qui, en améliorant le moral des condamnés, protégerait suffisamment la société*. Le nombre des crimes diminuerait progressivement, et c'est le résultat que doit obtenir une sage législation.

L'examen approfondi de semblables questions exige une haute intelligence et des connaissances spéciales, que je suis loin de posséder; aussi n'ai-je prétendu rien prescrire. Je publie simplement les observations faites dans mes voyages et les entretiens que j'ai eus avec un grand nombre de criminels ; c'est une histoire abrégée des prisons et des hommes qu'elles renferment, et si les premières éditions de mes écrits sur les mêmes matières n'étaient pas depuis long-temps épuisées, je n'aurais jamais songé à leur réimpression.

Si l'opinion publique daigne encore accueillir cet ouvrage, j'aurai la conviction d'avoir bien employé les vingt plus belles années de ma vie, et c'est un bonheur qui suffit grandement à mon ambition, à mes espérances.

Neuilly, 6 décembre 1835.

PREMIÈRE PARTIE.

BICÊTRE. — PRISONS DE PARIS

BAGNES, PRISONS,

CRIMINELS.

═══════════════════════════

PREMIÈRE PARTIE.

—

BICÊTRE.

—

Chapitre premier.

————•••————

APERÇU.

✶

Avant de commencer le récit de ce que j'ai
été en position d'observer directement et par
moi-même, chez les prisonniers en général, et
ceux de Bicêtre en particulier, il est, je crois,
indispensable de tracer en peu de mots l'histo-
rique de cette célèbre maison, qui, après avoir

subi plusieurs destinées, en est enfin venue à
servir de barrière principale entre la société et
ses perturbateurs.

Bicêtre est au sud de Paris; sa distance de la
capitale est à peine d'une lieue. L'origine à laquelle cet édifice doit son nom est enveloppée
d'épaisses ténèbres; nous nous abstiendrons de
recherches à cet égard.

Bâti, sous le règne de Charles VI, avec une
grande magnificence par le duc de Berry, il fut,
vers les premières années du xvᵉ siècle, détruit
par les partisans du duc de Bourgogne. Le dé-
sastre fut considérable, et les richesses qui y
étaient renfermées se trouvèrent perdues.

Cédé, à titre de donation, par Charles VII et
Louis XI, au clergé de Paris, Bicêtre passa encore en d'autres mains et par diverses destinations, jusqu'en 1632, époque à laquelle le cardi-
nal de Richelieu le fit raser de fond en comble
et rebâtir immédiatement pour y placer les
soldats invalides.

Plus tard, Bicêtre, à la sollicitation du vénérable Vincent de Paul, servit en partie d'asile
aux enfans trouvés. Ensuite, il fut destiné à recevoir les pauvres, les mendians et les vaga-

bonds; enfin Louis XVI voulut qu'on y traitât les hommes et les femmes attaqués de la maladie syphilitique.

Vers l'an 1787, le célèbre Howard, savant observateur et philantrope éclairé, fit une tournée en France et visita les prisons de Paris. Dans l'ouvrage qu'il publia à ce sujet, il prodigua l'éloge à Louis XVI et rendit un hommage éclatant aux sentimens d'humanité qui avaient conseillé à ce roi de faire démolir entièrement le *Petit-Châtelet* et le *Fort-l'Évêque*, les deux prisons les plus effrayantes de la ville, et d'envoyer les débiteurs, soit à l'hôtel de la Force, à la Conciergerie ou au Grand-Châtelet. Il signale surtout l'édit qui donna lieu à cette mutation, et l'honorable résolution prise par le roi d'abolir complètement les cachots souterrains.

Howard trouva Bicêtre habité par plus de pauvres que de prisonniers : et il compara ces misérables aux *pauvres* rassemblés en Angleterre dans les *maisons de travail* des campagnes. Il remarqua également que la maison était généralement mal tenue et que les chambres manquaient de cheminées.

Le puits de Bicêtre est une des curiosités les

plus intéressantes des environs de Paris. Sa construction, qui date de 1735, fut nécessitée par le besoin impérieux d'avoir de l'eau dans la maison. Il a 15 pieds de diamètre et 210 de profondeur. Il est tout-à-fait en pierre.

Le bâtiment peut contenir de neuf cent à mille prisonniers. Sa force principale est le chemin de ronde qui entoure intérieurement les trois côtés qui joignent la façade; neuf guérites sont occupées par des factionnaires appartenant à la compagnie des sous-officiers sédentaires.

Le personnel se compose d'un aumônier, d'un directeur, de deux commis-greffiers, d'un pharmacien, d'un gardien chef et de dix autres.

La porte d'entrée est à l'alignement d'un angle de l'église, formant retour d'équerre.

La salle de *fievreux* (Saint-Roch) contenant cinquante-quatre lits, celle de *blessés* contenant cinquante-sept lits, celle de *galeux* contenant seize lits, constituent l'infirmerie, qui présente des inconvéniens sous le rapport de la salubrité.

Les chambres que l'on appelle *cabanons* sont tenues avec propreté. Le jour y donne bien. Les fenêtres sont garnies de barreaux. L'air circule librement, et si le temps était mieux employé, on donnerait aux prisonniers le goût d'étudier paisiblement.

Les cachots, au niveau de la cour de l'hospice, reçoivent l'air par dix fenêtres de 4 pieds carrés. En sortant du corridor n° 1, on a vingt-six marches à descendre pour y arriver. Les cachots, moins grands que les cabanons, sont sains et bien tenus; ils font face aux fenêtres, et le corridor qui les sépare est interrompu par des portes construites entre chacun d'eux. Deux gros verroux et une forte serrure les assujettissent solidement.

Souvent on y place des condamnés aux fers venant des départemens.

La salle Saint-Léger est destinée aux plus grands criminels détenus dans cette maison. Cette partie de la prison est construite de façon à ne laisser aucune crainte pour les évasions. Ses croisées sont garnies d'énormes barreaux de fer très rapprochés les uns des autres. Cette salle offre souvent l'aspect le plus déplorable. On y trouve réunis le forçat à vie, l'évadé du bagne, l'homme condamné pour la seconde fois aux travaux forcés, le vagabond repris de

justice; en un mot, tous les genres de perversité y sont rassemblés.

Nous terminerons ce rapide coup d'œil sur la
maison de Bicêtre en annonçant qu'elle va être
donnée aux hospices pour y mettre les fous.
Une autre prison se construit pour recevoir
les détenus qui y gémissent maintenant. Nous
devons applaudir à ce projet.

Il est à remarquer que la mission bizarre et
singulière de Bicêtre a presque toujours été de
recueillir dans son sein tout ce qu'il y a de misères au monde. La maladie, le crime, la folie
y ont tous trouvé asile... C'est juste... sa destination principale était de servir à un hospice.
Or les criminels, comme les fous, ne sont-ils
pas des espèces de malades qui auraient, eux
aussi, besoin d'un traitement moral et assidu?

Chapitre Deuxième.

PHYSIONOMIE MORALE.

\#

Mon but, dans ce chapitre et ceux qui le sui-
vront, sous la même dénomination, n'est plus
de décrire Bicêtre comme bâtiment, pour en
constater les inconvéniens et les défectuosités;
cependant, m'étant proposé de parcourir dans
ces pages un certain laps de temps, une période
de plusieurs années, j'espère pouvoir fixer l'es-

prit du lecteur sur plus d'une amélioration no-
table due aux progrès des idées dans la voie du
bien et de la civilisation. Une tâche aussi consolante ne s'oublie pas ; heureux, si nous pouvons, au milieu des plaies affligeantes que nous
allons toucher, découvrir souvent les traces
d'une influence salutaire et puissante exercée
par le zèle et les soins de l'administration.

Le tableau que je me propose de tracer et
que je voudrais animer de toute la vie de mes
souvenirs, devra présenter, bien que dans un
cadre étroit, les différens évènemens, les diverses sensations, les mille phases variées et bizar-
res d'un monde à part, d'une société en dehors
de la nôtre et qui fait scission avec elle. J'évite-
rai le plus possible l'abstrait des définitions et
la métaphysique du raisonnement. De la phy-
siologie des choses, je passerai rapidement à
celle des hommes. Une froide description de
cours, de bâtimens, de constructions plus ou
moins en rapport avec les obligations imposées
par la justice et l'humanité, ne remplirait ni
notre intention, ni celle des lecteurs. Il y aura
dans mon récit peu de chose de moi, qui n'ai
fait que voir et entendre, beaucoup, au con-

traire, des malheureux qui m'ont raconté ce qu'ils ont dit, pensé et souffert pendant leur séjour dans cet asile de toutes les misères humaines : ce sera Bicêtre en action.

Rien n'est plus affligeant que d'entendre les conversations de ces criminels. L'un accuse la barbarie de juges influencés ; l'autre, au contraire, se flatte de les avoir trompés. Celui-ci doit la réduction de sa peine à des révélations importantes ; cet autre est la victime d'une machination infernale.

Je m'attacherai surtout à ne reproduire de mes entretiens avec les criminels que ce que j'ai cru y remarquer de vraiment sincère. Car on ne peut se dissimuler qu'ils ne mettent en œuvre le mensonge pour attirer sur eux un intérêt que souvent la vérité ne serait pas propre à exciter en leur faveur. Mais j'ose espérer qu'une longue habitude m'a mis à même de distinguer le vrai du faux : chose bien importante, car la plupart des écrits publiés sur le même sujet, quoique dictés par des intentions auxquelles nous devons rendre hommage, n'ont généralement été que des romans et non des histoires.

On peut reconnaître à des signes certains
le vrai coupable, et l'homme une première fois
égaré : l'un se rit de la condamnation, l'autre
demande grâce.

Une habitude assez commune chez les criminels *vieillis dans le métier*, est de commettre
leurs forfaits sous des noms supposés. Tantôt
ils se nomment Pierre, tantôt ils se font appeler
Jacques ; en sorte que le crime de Pierre ne peut
être reproché à Jacques ; par conséquent Jacques ne reçoit que la punition d'un délit.
Pierre est l'objet des recherches de la police et
Jacques ne craint rien ; et lorsque Jacques est
en prison, Pierre n'en est pas moins fort tranquille.

Un jeune homme du département de l'Eure,
domicilié à Évreux, puis à Gisors, ensuite aux
Andelys, avait commencé, dès l'âge de huit ans,
le métier de voleur ; garçon de ferme, aujour-
d'hui chez tel laboureur, demain chez tel autre,
Auvray avait toujours volé ses maîtres ; ses
nombreuses infidélités reconnues, et quelquefois punies par un renvoi, ne l'étaient le plus
souvent pas.

Enhardi par la réussite qu'il obtenait, *Au-*

vray continuait le *métier*. Livré à tous les excès, guidé par tous les vices qu'enfantent la paresse et l'ignorance, il ne tarda pas à tomber au pouvoir de la justice. Un grand nombre de crimes pesaient sur lui; mais ses noms, qu'il avait su changer, éloignèrent une multitude d'accusations; par jugement du 22 novembre 1819 (à Évreux), cinq années de travaux forcés l'amenèrent à Bicêtre.

Auvray avait alors vingt ans, une figure douce, un extérieur agréable; il avait constamment refusé l'éducation que ses parens voulaient lui faire donner.

Il disait un soir à l'un de ses compagnons : « Vous croyez que je dois être attristé par la condamnation qui, pour cinq ans, me met dans l'esclavage; détrompez-vous, je ne puis me chagriner. Les cinq ans que j'ai à faire ne se feront pas. Je tâcherai de m'évader, et si je suis pris pour une autre chose, j'aurai gagné le temps que je n'aurai pas fait... J'ai tout ce qu'il faut pour mon projet; j'ai un *bastringue* (1) dans cet étui. Le jour du départ je le cache; en route

_____

(1) Ressort fait en scie.

je l'emploie, et si je ne réussis pas, au bagne je m'évaderai. Les moyens en cet endroit sont plus faciles qu'en route. Je prendrai *ma belle*. Le jour que je saurai qu'un libéré doit quitter la *chiourme*, je m'évade, j'attends le *camarade* au passage, je me présente à lui, nous voyageons ensemble, et à la nuit je le tue; couvert de ses vêtemens, muni de ses papiers, et après l'avoir enterré, je marche hardiment à destination. J'arrive et je recommence sous son nom les mêmes tours que j'exerçais avant; si je suis pris, ce sera un petit malheur qui ne me découragera pas. »

Pour ne pas être victimes de la scélératesse de ces hommes entièrement perdus, de timides coupables s'efforcent de dire comme eux. La continuelle habitude de fixer son esprit sur des idées criminelles, la nécessité de suivre ces principes pendant le temps de la condamnation, achèvent la perte de l'homme chez lequel un retour à la vertu serait souvent facile.

Pour l'éloigner d'une seconde faute, la loi frappe de la peine des fers un homme encore vertueux; mais s'il est placé avec des scélérats sa perte est évidemment certaine, et le remède est

plus dangereux que le mal. On prédit une mauvaise fin au jeune homme qui fréquente des
gens vicieux : que sera-ce donc quand ils seront
attachés à ses côtés ?

Cet infortuné regrette l'éducation qu'il a reçue, les principes qui lui ont été donnés; il
cherche à empoisonner son cœur pour s'affranchir des souffrances morales. Voir le vice sans
cesse autour de lui est une horrible torture.
En effet, quoi de plus barbare que cette coha-
bitation avec des êtres perdus dans le crime?
Pourquoi ne point classer chacun selon ses
œuvres et ses principes? Ah! combien de milliers d'individus se laissent emporter par le désespoir, et qui, bannis de la société, en deviennent le fléau par cette injuste réunion!

Punissez le malfaiteur habitué aux forfaits,
mais ne frappez pas également l'homme repentant : c'est détruire l'équilibre de la loi, c'est
accabler d'un triple fardeau l'homme trois fois
moins robuste. Est-il juste que le voleur de
grands chemins n'ait qu'une peine médiocre en
réparation de ses crimes, et que l'homme coupable d'une première faute soit frappé d'une
punition mille fois plus terrible, de *la torture
morale?*

Il faut souvent que la victime d'une loi trop sévère écrive l'énumération des forfaits du galérien ; il faut même qu'elle donne son approbation à de telles horreurs : laisse-t-elle apercevoir la moindre répugnance à entendre ces exécrables récits, on l'insulte par les sarcasmes les plus dégoûtans.

Chacun de ces criminels rançonne le pauvre diable ; son pain passe dans leurs mains, son argent est enlevé de sa poche, on rit de sa faiblesse ; et, s'il veut se plaindre, on le frappe : sachant que si justice lui est rendue, ces brigands pour se venger le maltraiteront encore davantage, il garde le silence et traîne péniblement sa triste vie.

La veille du départ de la chaîne, ils passent la nuit à hurler, à briser tout ce qu'ils rencontrent, et vont tendre ensuite le col au fer qui doit peser sur eux jusqu'à l'arrivée au bagne.

Chapitre Troisième.

———

CONTRAFATTO.

*

Chacune de mes visites à Bicêtre m'a toujours mis en rapport avec de nouveaux condamnés, car cette maison, où viennent s'engloutir
tous les rebuts de la société pour se répandre
ensuite dans les bagnes et les prisons de France,
ressemble assez à un port de mer où des étrangers de toutes les nations se réunissent et

forment des contrastes si originaux. Je tâcherai de donner sur ceux des prisonniers que j'y
ai remarqués particulièrement les notions les
plus exactes possibles, et je rappellerai du plus
loin que je pourrai la longue série de mes
souvenirs.

Il y a quelques années, l'un des plus grands
vices de Bicêtre était ce mélange de condamnés
de toute espèce auquel on a depuis essayé de
porter remède. C'est alors que dans une de mes
visites dans cette prison, je vis Molitor et Contrafatto. Ils étaient en ce moment à l'infirmerie, où l'on confondait indistinctement tous les
malades.

Contrafatto ayant exprimé le désir de s'entretenir seul avec moi, nous allâmes tous deux
dans une salle voisine du laboratoire de l'infirmerie.

Aussitôt entré, Contrafatto ferma la porte
et je le priai de s'asseoir. Il se plaça vis-à-vis
de moi.

— Vous paraissez souffrant et bien repentant, lui dis-je.

— Oui, monsieur, je souffre, mais je ne suis
pas repentant, parce que je suis innocent. Mon

malheur est d'avoir été fidèle au costume des jésuites, et comme les impies veulent perdre notre ordre, ils ont voulu, en m'accablant de leur colère, noircir un des ministres du Seigneur pour nuire à notre sainte religion. (A ces mots, Contrafatto versa des larmes, et me serra la main en protestant de son innocence.)

— Je comprends l'horreur de votre position ; mais je ne conçois pas comment vous n'avez pas prouvé à la justice que vous étiez innocent ?

— La justice est libérale, elle n'aime pas les prêtres et les congrégations ; les jésuites et la religion chrétienne lui déplaisent ; car le respectable M. Frayssinous, neveu de monseigneur l'évêque d'Hermopolis, m'avait renvoyé de la plainte, et mes nombreux ennemis sont parvenus à me compromettre de nouveau. Au reste, si le digne M. de Peyronnet n'eût pas été aussi persécuté par les révolutionnaires, j'étais certain d'être renvoyé libre dans mon pays, auprès de mon pauvre père qui a soixante-dix ans, et auquel mes secours sont indispensables. Tâchez donc, monsieur, de vous entendre avec l'ambassadeur de Naples et madame la comtesse de...... qui s'intéresse à moi, pour que j'obtienne de quitter la France où la révolution l'emporte sur le pouvoir de la royauté; car je ne pourrai vivre dans cet état d'ignominie et de persécution.

Pendant cette conversation, Contrafatto paraissait fort affecté de son sort, il pleurait et était très agité.

— Je ne puis vous faire espérer d'obtenir la grâce que vous sollicitez, et vous ferez bien de quitter vos habits de prêtre pour éviter les désagrémens qu'ils vous causeront pendant le voyage de Bicêtre au bagne.

— J'en serais bien fâché, le pape seul a le droit de me les retirer : il me connaît, puisque je devais être supérieur d'une communauté en Italie si je n'avais pas eu le malheur de venir en France, et je compte bien sur son intervention pour me soulager dans mes misères. Nous sommes beaucoup de religieux dévoués à la religion et à nos collègues, aussi je ne doute pas que ces messieurs ne fassent tout ce qui est en leur puissance pour me tirer de l'abîme où je suis. Il y a une grande dame qui pense comme nous, qui a dû présenter une demande au roi en ma faveur; mais les nouveaux ministres, qui sont loin d'avoir la même opinion que l'illustre M. de Peyronnet, se garderont bien de m'être favorables.

— Est-il vrai que le jour de votre exposition le bourreau vous ait maltraité?

—Je ne puis le savoir, car lorsque j'ai été au carcan, je me suis évanoui et je n'ai rien senti lorsqu'il m'a marqué.

— A quoi passez-vous votre temps à l'infirmerie (1)?

— Je m'amuse à dessiner et à peindre des Vierges. Je vous en offrirai une lorsque nous rentrerons à l'infirmerie.

- Puisque vous êtes logé avec Molitor, le voyez-vous et faites-vous société avec lui?

— La religion m'ordonnant de pardonner à mes frères coupables, je parle quelquefois à ce criminel.

Je ne puis transcrire tout ce que Contrafatto m'a dit à ce sujet, car le sort les condamnant

(1) Molitor et Contrafatto étant encore vêtus en ecclésiastiques, et conservant le titre d'abbé, on avait dû, pour les soustraire aux plaisanteries des autres galériens, les laisser à l'infirmerie.

probablement à vivre ensemble jusqu'à leur mort, je ne voudrais pas être le sujet de leur brouille. Il en est de même d'une foule de confidences que je dois respecter et ne pas publier.

Nous rentrâmes à l'infirmerie après cette conversation, et Contrafatto me remit en effet un dessin représentant une Vierge et l'Enfant-Jésus. Depuis cette entrevue, Contrafatto m'a écrit une lettre dans laquelle il me témoigne le désir d'être renvoyé dans son pays auprès de son père.

Je me suis entretenu long-temps aussi avec Molitor; cet homme paraissait moins affecté que Contrafatto. Sa conversation, quoique très intéressante, ne peut se publier sans indiscrétion de ma part.

Aujourd'hui Contrafatto est au bagne de Brest. Là, il s'occupe à différens ouvrages. Il m'a envoyé, il y a quelque temps, une noix de coco fort bien travaillée. Il affecte toujours beaucoup de religion et remplit avec une scrupuleuse exactitude tous les devoirs du chrétien. On l'appelle généralement M. l'abbé.

Nous joignons à cette esquisse du condamné Contrafatto trois lettres qu'il a écrites à diverses personnes quelque temps après son arrivée au bagne, et qui pourront donner une idée plus complète de son style et de son caractère.

« ..... Mon voyage a été pénible, mais la di-
» vine Providence m'a prêté tous les secours
» nécessrires. Les gendarmes qui m'ont conduit
» ont eu beaucoup d'égards pour moi; seulement
» le brigadier de Vaugirard m'a traité comme un
» cannibale, en me serrant les mains jusqu'à me
» faire beaucoup de mal. Trois nuits l'on m'a fait
» coucher dans un cachot sur la paille; ensuite
» je me suis procuré un matelas et de gros
» draps, en les payant fort cher; les autres nuits,
» messieurs les concierges des autres prisons ont
» usé de beaucoup de charité et d'humanité. Ils
» m'ont permis de coucher dans leur chambre,
» et de me restaurer avec du bon feu, mais
» toujours en payant. J'ai reçu plusieurs visites
» de MM. les prêtres, les curés, et de grands
» personnages, dans certains endroits où j'ai
» logé, et qui m'ont donné des secours pour ar-
» river à ma *malheureuse* destination.

» Le **29** du courant, après un voyage si

» pénible de dix jours, tout-à-fait écrasé et mal
» portant, je suis arrivé à quatre heures du
» soir. Hélas! quel spectacle!... Je crois qu'il ne
» restait personne dans les maisons, et les rues
» étaient toujours pleines pour voir passer cette
» malheureuse victime. Enfin, je suis entré dans
» le bagne; l'on m'a conduit chez M. le com-
» missaire de marine, devant lequel mes larmes
» tombaient en abondance; je lui ai consigné
» tous mes effets, et il les a enfermés dans son
» cabinet. Après, l'on m'a conduit dans une
» salle où j'ai trouvé des hommes prêts à faire le
» dernier sacrifice; l'on me dépouilla jusqu'à la
» chemise, et l'on m'habilla (hélas! mon cœur
» se refuse à le dire) avec une chemise du
» bagne, un pantalon rouge, une casaque rouge
» aussi, et un bonnet vert sur ma tête; après
» l'on m'a coupé les cheveux jusqu'à la racine,
» et puis l'on m'a fait asseoir sur un banc pour
» m'enchaîner la jambe avec une grosse manille
» et une chaîne, qui tout au moins pèse dix-
» huit livres, que je porte jour et nuit, et au
» lieu de trouver quelque repos comme étant
» fatigué par le voyage, l'on me fit coucher sur
» une planche, avec une seule couverture.

» Imaginez-vous., hélas! ma figure ne ressemble
» plus à celle d'un ministre de Dieu, d'un enfant
» des sacrés autels, mais à celle d'un monstre,
» d'un scélérat.

» Toutes les oreilles sont fermées à mes voix
» lamentables, et l'on cherche à se rassasier de
» mon sang, et de mon innocence et de mes
» chairs sacrées; mais je souffre avec patience
» et résignation, puisque c'est la vraie route
» de la perfection..... Dans mes larmes et dans
» mes peines, je vous communique que ma
» nourriture consiste en la moitié d'un pain
» noir, un verre de vin et une portion de fèves,
» comme tous les autres, sans aucune distinc-
» tion.

» *Signé* CONTRAFATTO. »

Le 13 avril 1828.

« Mon cœur se déchire en vous donnant les
» détails de ma triste position, et je suis certain
» que votre âme ne peut pas y penser un mo-
» ment sans verser des torrens de larmes. Hé-
» las! pourrai-je le dire sans avoir pitié de moi-
» même; non, c'est impossible. Le dimanche

» des Rameaux, remarquable par mes fonctions,
» être privé d'entendre la sainte messe, parce
» qu'on m'a tenu enchaîné au banc où je couche,
» c'est-à-dire sur une planche, dans une salle
» qui contient cinq cents personnes, tous des
» infâmes et des scélérats. Où suis-je?... Qu'ai-je
» trouvé?... Au milieu de qui suis-je?... Et pour-
» quoi? Hélas! pour rassasier de mon sang sacré
» une populace effrénée, pour contenter un
» esprit malfaisant. Après cinq jours d'arrivée,
» l'on m'a conduit au travail (le Jeudi-Saint,
» jour remarquable pour moi), dans la manu-
» facture. Réfléchissez un moment, ces mains
» sacrées, toujours destinées aux autels et au
» service de Dieu, maintenant que font-elles?
» Hélas! pourrai-je le dire sans larmes! le Ven-
» dredi-Saint, ne pouvant souffrir la fatigue,
» je suis tombé malade, avec une forte fièvre,
» et les médecins m'ont fait conduire à l'hôpital,
» où par la grâce de Dieu je vais un peu mieux
» et j'écris de mon lit. Jetez un moment les
» yeux sur le ministre de Dieu, et voyez où l'ont
» réduit la méchanceté, la calomnie et la mo-
» derne philosophie qui est en opposition avec
» notre religion. Le diable ne sera pas content

» de ma résignation à tout ce qui m'arrive.

» *Beati qui injustè*, etc.; oui, c'est l'Évangile
» qui nous l'apprend, comme je l'ai souvent
» prêché; Dieu veut éprouver la constance de
» ses enfans par les plus grandes afflictions.
» L'exemple est là; Job s'est réduit à la misère
» jusqu'à être méprisé de ses victimes, et Dieu
» était toujours dans sa bouche. Quelle cou-
» ronne céleste il a reçue, quelle gloire éter-
» nelle il a remportée! Aussi le petit crucifix
» reste toujours à mon cou, il est à tout mo-
» ment dans mes mains, comme les fers sont
» attachés jour et nuit à ma jambe. Autre con-
» solation, je ne trouve que Dieu dans ma bou-
» che, dans mon cœur et dans mes actions.
» J'adresse au Seigneur des prières mêlées de
» larmes et de gémissemens; j'honore, j'imite
» constamment l'auguste Marie, tous les saints
» et les anges du ciel, toujours soumis à la di-
» vine Providence, afin qu'ils me reçoivent dans
» le tabernacle éternel, à l'heure de ma mort.
» M. l'aumônier, avec une paternelle charité,
» vient me voir deux fois par jour, pour me con-
» soler dans ma triste position; il a parlé au
» commissaire, qui dans quelques jours adou-

» cira mon sort. D'autres prêtres sont aussi
» venus me consoler. »

Le 26 avril 1828.

« Le 20, je suis descendu de l'hôpital, après
» y avoir passé dix-sept jours; et malheureu-
» sement je suis encore une fois dans la même
» salle, parmi les autres, couché sur la planche,
» sans aucune distinction : mes yeux ne se fer-
» ment jamais, et le bon et charitable aumônier
» vient pour essuyer mes larmes; il travaille
» beaucoup pour moi, et cherche à me faire
» avoir quelque emploi, afin d'adoucir mon
» sort..... Comme l'on m'a renvoyé de nouveau
» à la manufacture, je sors du bagne à cinq heu-
» res du matin, et rentre à six heures du soir;
» par conséquent il ne me reste pas un moment
» de temps à moi; mais, comme je suis encore
» en convalescence, les chefs ont beaucoup d'é-
» gards pour moi, et ne me font faire presque
» rien. Jeudi dernier, l'on a vendu tous mes ef-
» fets; voilà les prophéties vérifiées; voilà l'ac-
» complissement de la loi. Mes yeux ont versé
» des torrens ce jour-là, et je me suis écrié, en
» me rappelant les paroles de Jésus-Christ : *Di-*

» *viserunt sibi vestimenta mea*..... Tout est fini
» pour moi. Hélas! mon père, ma famille, ne
» me verront plus jamais; jamais je ne reverrai
» ma chère patrie !... »

Chapitre Quatrième.

ROCH.

✳

Peu de temps après, j'allai trouver dans son cachot le nommé Roch, condamné à mort; les circonstances différentes de la vie dans lesquelles j'avais vu cet homme me faisaient, en quelque sorte, un devoir de lui parler. Il se rappela parfaitement m'avoir connu lorsqu'il était dans un des régimens de la garde, au moment où je visitai la compagnie de discipline d'Arras. Une partie du dialogue qui s'établit entre Roch et moi pourra donner une idée de son moral : m'étant assis près de lui, je priai les personnes de la maison qui m'accompagnaient de se retirer.

—On m'a assuré que vous n'aviez pas voulu vous pourvoir, et que c'est avec beaucoup de peine que vous avez accédé à la prière de votre défenseur?

—Il est vrai; je n'ai consenti à cette demande qu'à condition qu'on me donnerait la *pâtée*, et une bouteille de vin à chacun de mes repas; car, voyez-vous, un jour plus tôt, un jour plus tard, il faut passer par là ou par la porte; d'ailleurs je suis innocent, cela ne me fait rien de mourir.

—Cependant les preuves sont contre vous; l'argent qu'on a trouvé sur vous attestait que vous aviez volé votre victime?

—Oui, je l'avais volée, mais non pas assassinée; il était ivre, il est tombé; alors j'ai eu l'idée de lui prendre son argent, et je l'ai fait.

Après l'avoir engagé à se soumettre avec résignation au sort qui pouvait lui être réservé, je le quittai; il me témoigna son regret de ne

pouvoir me serrer la main, parce que son gilet
de force l'en empêchait, et tout le plaisir, disait-
il, qu'il aurait de me voir à la Conciergerie
avant son exécution. Cet homme, dont les paroles annonçaient une ignorance profonde,
paraissait peu s'affecter du supplice qui l'attendait; tout en lui se ressentait de la rusticité
qui avait présidé à ses premières années, et en
même temps du manque absolu d'éducation,
qui l'avait seul conduit dans les cachots de
Bicêtre.

Après l'entretien qu'on vient de lire, j'avais
quitté Roch, emportant au fond de l'âme l'émotion dont on ne peut se garantir dans une pareille circonstance. Cet homme, placé entre la
vie et l'échafaud, voyait passer chaque jour sans
pouvoir compter sur un lendemain. L'ordre
d'exécution vint enfin mettre un terme aux
souffrances morales de Roch, en le frappant
d'un rude et dernier coup. On venait de le transférer de Bicêtre à la Conciergerie.

J'étais sur le point de quitter Paris quand je
reçus de Roch une invitation pressante de me
rendre auprès de lui. Ce désir de sa part était
un ordre pour moi. Je me rendis à la Concier-

gerie à une heure et demie ; il me serait difficile
de rendre compte des diverses sensations que
j'éprouvai en revoyant ce criminel. Le lecteur,
par les détails qui vont suivre, pourra les apprécier. Je retrancherai toutefois ce qu'il m'a
fait promettre de ne pas publier.

Lorsqu'il me vit entrer dans son cachot, il
vint au-devant de moi en s'écriant :

— Ah ! vous voilà donc enfin ! vous êtes un
homme de parole. On me disait que vous étiez
parti. J'aurais été désolé de mourir sans vous
avoir vu. Nous sommes de vieilles connaissances ; je me rappelle toujours vos conseils
d'Arras ; si je les avais suivis, vous ne me trou-
veriez pas ici.

La physionomie de Roch ne paraissait nullement agitée ; sa voix était ferme, ses yeux
pleins de feu. Je cherchais à lui inspirer de la
résignation ; il me comprit et me dit avec force :

— Soyez tranquille, la mort ne me fait pas
trembler. Voulez-vous que je vous chante des
cantiques ? vous verrez que ma voix ne tremble
pas. Je suis innocent du crime d'assassinat. J'ai
volé, mais je n'ai pas tué. Je n'en veux pas à mes
juges ; à leur place, j'aurais condamné. Toutes

les charges étaient contre moi. Je n'en veux pas
non plus de ce qu'on ne m'a pas fait grâce. Je
n'ai pas oublié que déjà le roi Charles X m'a
amnistié comme déserteur, et j'en suis reconnaissant. Je suis bien jeune à la vérité, puisque
je n'ai que vingt-huit ans, mais je ne regrette
pas la vie. Si j'étais libre, sans moyens d'existence, je serais peut-être forcé de recommencer
à voler.... Ce qui me console, d'ailleurs, c'est
que je ne ferai pas de peine à beaucoup de
monde. Je n'ai ni père ni mère..., Je n'ai qu'un
frère au service.... et j'espère qu'il ne saura pas
comment j'ai fini.

Comme je lui demandais quel pouvait avoir
été le principe de ses fautes, il me répondit :
— Ce qui m'a perdu, c'est la boisson, les filles
publiques et le jeu. Je perdais tout ce que je
gagnais aux jeux de hasard qui sont sur les
boulevarts. J'étais surtout entraîné par de
mauvaises connaissances, dont plusieurs étaient
sans doute de la police, car on ne les arrêtait
jamais, tandis qu'on arrêtait les autres.... Mes
parens sont bien coupables de ne m'avoir pas
mieux élevé dans ma jeunesse. J'avais une tante
qui m'aimait bien ; mais chaque fois que je

n'étais pas raisonnable, elle me prédisait que je finirais sur l'échafaud.... Je m'en suis toujours souvenu chaque fois que je faisais une mauvaise action ; mais je ne sais ce que j'avais dans la tête, je ne pouvais pas m'empêcher de mal faire. Souvent, en me réveillant après avoir bu de trop, je croyais être fou.... j'allais où je n'aurais pas voulu aller.... Je ne sais quoi m'entraînait à la débauche....

Pendant cet entretien, qui a duré près d'une heure, je me promenais en lui donnant le bras ; cette marque de confiance paraissait le toucher beaucoup, et de temps en temps il me serrait les mains en me regardant de manière à me faire comprendre toute sa satisfaction.

C'est alors que Roch me parla bas, tout-à-fait sans réserve....

Deux heures et demie étaient déjà sonnées, et malgré moi je devenais de plus en plus affecté ; je fus obligé de m'asseoir ; Roch s'approcha de moi et s'apercevant du malaise que j'éprouvais, il me dit d'une voix altérée :

—Je suis bien fâché de vous avoir donné cette corvée, quoique votre société me fasse bien plaisir.

C'est alors qu'il ôta de son cou un crucifix, et me le remit en me priant de le conserver comme un souvenir de sa reconnaissance. Il me remit aussi une prière imprimée, et la récita avec un aplomb inconcevable.

— Voulez-vous écrire les particularités de ma vie? s'écria-t-il un moment après, vous verrez que tout n'est pas de ma faute. On apporta du greffe du papier et de l'encre, et Roch eut toute sa présence d'esprit pour me dicter ce qui était le plus remarquable. L'émotion visible que j'éprouvai en entendant sonner trois heures m'empêcha de continuer; Roch prit alors la plume et se mit à écrire, malgré sa camisole de force, avec beaucoup d'assurance, les mots suivans :

« Je suis resté cinquante-six jours au cachot.
» Je pardonne à tous ceux qui m'ont fait du
» mal, et je prie Dieu qu'il me pardonne aussi
» toutes mes fautes. Je suis innocent, et je me
» recommande à Dieu tout-puissant. Je suis
» content d'avoir vu monsieur Appert, et je
» me recommande à ses prières.

» ROCH, *bon enfant.* »

Cette phrase terminée, il dit avec chaleur :

.— Oui, je suis un bon enfant. On ne m'a pas connu. Je ne suis pas méchant; jamais ne n'ai fait de mal à personne sans avoir bu.

Je crois, en effet, pouvoir affirmer que l'excès du vin provoquait toujours sa mauvaise conduite.

Je me levai, Roch crut que j'allais partir, et il me répéta qu'il était fâché de m'avoir causé tant de peine.

— Vous avez l'air plus malade que moi... l'odeur de la prison vous a fait mal à la tête. Quant à moi, je vais la perdre; ça m'est égal... Adieu, monsieur Appert; nous nous reverrons, si ce que l'on dit est vrai. Priez pour moi ici-bas, je prierai pour vous là-haut.

Je m'aperçus que mon départ le rendait plus sombre, et je crus devoir lui dire que je resterais jusqu'au dernier moment.

— Eh bien ! ajouta le condamné, j'ai une grande grâce à vous demander. Je sais qu'on va me faire la *toilette*, permettez-moi, avant d'aller à la mort, de vous embrasser devant les personnes qui seront là... N'en serez-vous pas trop humilié ?

— J'y consens si cela peut adoucir tes derniers momens (1).

— Oui, cela me fera plaisir, parce qu'on verra, quoiqu'on dise que je suis criminel, que je sais reconnaître les braves gens.

Le respectable abbé Montès, aumônier des prisons, entra en ce moment. Je lui offris de sortir, mais il ne le voulut pas. La conversation s'engagea sur la religion. Roch, qui avait des préjugés sur l'Église et les prêtres, fixa les yeux sur moi; mais, voyant que je tenais à ce qu'il écoutât respectueusement les sages avis du digne abbé Montès, il ne fit aucune observation. Cette religieuse scène se passa avec décence et attention de la part de Roch.

L'abbé se retira, et j'engageai le condamné à se rendre au désir de l'aumônier en venant avec nous pour faire sa prière à la chapelle. Nous y allâmes; je donnais le bras à Roch, et, arrivé à l'église, il se mit à genoux, et parut prier avec beaucoup de ferveur.

Nous revînmes à son cachot; il demanda à manger. Je m'assis auprès de lui pour lui cou-

_____

(1) Roch m'avait prier de le tutoyer.

per un restant de tourte qu'il voulait achever. Trois heures et demie sonnèrent, les gendarmes et la charrette arrivèrent : Roch, entendant le pas des chevaux et le commandement militaire, cessa tout-à-coup de manger.

— Les voilà qui arrivent, ils m'ont rassasié.

Dès cet instant la physionomie de ce malheureux changea; il me serra les mains et fut quelques instans sans parler. Ma position devenait de plus en plus cruelle; je ne savais plus que dire à Roch. Il reprit la conversation :

— Allons, c'est fini; je ne mangerai plus! mais je voudrais boire; voyez comme ils sont, je vais mourir, et ils ne veulent pas me donner de vin.

Je lui observai que déjà il avait assez bu; que d'ailleurs c'était un sacrifice qu'il ferait à Dieu, et qu'il ne devait songer qu'à le prier.

— Vous avez raison, je vais boire mon restant de tisane, car je brûle, et ne peux m'empêcher de boire. Il n'y a qu'une chose qui me choque, c'est d'aller à la mort en charrette, comme un lâche; je veux marcher à pied; je ne tremble pas, je suis tout prêt.

Je le priai avec instance de renoncer à ce projet, car je craignais sa violence envers les gendarmes.

— Allons, je vous obéirai; je vois que c'est
pour mon bien.

M. Ouvrard, alors détenu à la Conciergerie,
qui avait eu des bontés pour Roch, vint lui
dire adieu. Cette attention lui fit grand plaisir.
Mais le moment fatal approchait; le mouvement de la maison annonçait que bientôt le
bourreau s'emparerait de la victime. Mon cœur
battait au moindre bruit avec une violence
dont je souffrais beaucoup. Je tremblais de ne
pouvoir résister à tant de motifs de trouble et
de douleur. En ce moment le frère d'un employé entra dans la chambre qui précédait le
cachot. Roch l'aperçut et me dit :

— Voilà le bourreau; je n'ai plus une demi-
heure à vivre.

M. l'abbé Montès revint; il s'assit auprès de
nous, et la conversation devint générale sur la
religion. Le condamné fit en ce moment quelques observations qui m'embarrassèrent. Je lui
fis remarquer qu'il était mieux de s'en rappor-
ter au zèle si charitable du bon abbé Montès;
il se rendit à cette raison, et parut écouter avec
fruit les paroles de consolation de M. l'aumônier.

C'est ici que devait se terminer une partie de ma tâche. On entre... les gardiens retirent à Roch la camisole, et nous sommes prévenus qu'il faut nous rendre à l'avant-greffe. Un prisonnier qui avait été toute la journée auprès de Roch avec l'homme-de garde, et qu'il connaissait avant sa condamnation, l'embrassa en versant des larmes.

— Ne te chagrine pas, mon ami, je mourrai sans regret. Adieu.

En cet instant Roch me recommanda ce camarade.

Nous arrivâmes dans la première salle d'entrée de la Conciergerie; une foule de personnes formaient une espèce de haie. C'est là que je fus contraint de m'éloigner de Roch. L'exécuteur et ses valets coupèrent la partie de la chemise qui pouvait recouvrir le cou. On lui attacha les mains derrière le dos, et les jambes avec une corde assez longue pour lui laisser la faculté de marcher. Roch ne voulait pas être recouvert de la veste dite des condamnés à mort, qui, placée sur les épaules, cache le cou et les bras; il parut disposé à résister. Je m'approchai de lui et le priai de me tenir parole, en ne s'opposant pas à cette volonté du bourreau : je mis moi-même le bouton qui pouvait la faire tenir. Pendant cette affreuse cérémonie, une personne, qui était près de moi dans la foule, dit : *On l'a grisé.* Roch entendit, se retourna en lui lançant un regard de colère : *Vous croyez cela? vous vous trompez.* Lisant dans mes yeux que je le priais d'être calme, il me sourit encore, comme pour me faire voir qu'il me comprenait. En effet, il ne résista plus.

Le bourreau le fit lever, et il s'avançait d'un pas ferme vers la porte déjà ouverte ; c'est alors qu'il s'avança avec précipitation sur moi, et m'embrassa avec force. Là mon cœur battit avec plus de violence ; je ne pus lui dire que ce mot, *Courage!* et je rentrai précipitamment au greffe, où je fus un quart d'heure environ à me remettre. Je ne vis plus le malheureux Roch, et l'on m'a dit depuis qu'il me répondit, en me quittant, d'une voix assurée : *N'ayez pas peur, ça ne manquera pas.* En effet, ce criminel est mort avec un courage, je crois, sans exemple.

Chapitre Cinquième.

DAUMAS-DUPIN (1).

✳

Vers la fin de l'année 1829, MM. de Ségur, d'Aguesseau et le baron Villeneuve m'ayant témoigné le désir de m'accompagner dans une de mes excursions à Bicêtre, nous nous y rendîmes ensemble.

Après avoir visité en détail les ateliers, les dortoirs et l'hospice, nous parcourûmes les

(1) Accusé d'avoir assassiné deux jeunes époux dans la vallée de Montmorency.

salles des condamnés. Ce tableau, toujours triste et repoussant, demande un œil exercé pour saisir toutes ses nuances, pour comprendre toutes ses variétés.

Il ne faut pas, quand on visite les malheureux qui peuplent Bicêtre, juger de leur perversité par la quotité des peines qui leur sont infligées. Ce serait se tromper étrangement. Il faut savoir découvrir dans ce mélange infect ce qu'il y a de moins corrompu, ce qu'il y a de plus gangrené, comme on doit séparer le bon grain de l'ivraie : et l'on reconnaîtra que souvent le coupable que la loi atteint le plus sévèrement est celui qui mérite à plus juste titre la pitié et l'intérêt. En voici la raison.

On condamne généralement à perpétuité les hommes que des crimes d'éclat ont amenés sur les bancs de la Cour d'assises ; or, la plupart des forfaits de cette nature sont le plus communément la conséquence d'un caractère violent et d'un tempérament emporté, ou le résultat d'une passion aveugle et irréfléchie. Il peut y avoir eu dans ces infortunés plus d'entraînement que de vraie perversité, dans leur faute plus de fatalité que de préméditation.

Aussi, il est quelques rapports sous lesquels il serait peut-être permis de les excuser, en faisant toutefois la part du mal et regardant comme indispensable l'action sévère de la justice à leur égard.

Auprès de ces hommes destinés à passer leur vie entière et à mourir au bagne, vous en voyez d'autres condamnés à une détention plus ou moins longue ou à quelques années de fers. Cette diminution de châtiment, cette espèce d'indulgence dont ils semblent avoir été l'objet, augmente quelquefois la bienveillance des visiteurs pour eux, et on les croit moins pervertis par cela seul que leur condamnation est moins forte : c'est une erreur; car, ce qui abonde surtout dans cette catégorie, c'est le voleur habituel, l'escroc par état. Ce n'est plus l'être aveuglé par la passion et victime d'un instant de folie : c'est le crime prémédité, c'est l'homme qui a étudié le Code, qui marche dans la voie des délits tant qu'il le peut impunément, et qui s'arrête tout juste à ce qu'il faut pour n'être condamné qu'à cinq ans de galères. Ce calcul de la volonté et ce sang-froid sont certainement plus répréhensibles et plus coupables que la faiblesse des malheureux qui se laissent entraîner involontairement au mal.

Nous passâmes ensuite dans la salle des enfans. Elle était très bien tenue. Le prisonnier qui la dirigeait était fort bon musicien et il avait formé quelques enfans qui chantaient des morceaux d'ensemble d'une manière très remarquable. A ce propos, je crois que la musique introduite dans les prisons comme moyen d'adoucir les mœurs, produirait d'excellens résultats. Madame de Staël a dit que rien n'est plus propre que la musique à élever l'âme. L'harmonie renferme en elle quelque chose de suave et de mystérieux qui dispose l'esprit à la mansuétude, et je suis convaincu qu'un homme vraiment musicien aurait, généralement parlant, moins de chances de mal tourner ou de commettre une mauvaise action. Dans tous les cas, en supprimant même la question de morale qu'on pourrait soulever à cette occasion, et qui, je crois, viendrait à l'appui de notre opinion, la question d'humanité n'en demeure pas moins entière et positive. Il est du devoir de l'homme compatissant de soulager les infortunes de ses semblables; soit en améliorant

leur sort, soit en tâchant de leur en faire
oublier l'amertume, et la musique serait, sans
contredit, une source de bien-être et de consolation.

Les personnes à même, par leur position,
d'étudier d'une manière soutenue le caractère
des condamnés, pourraient se servir de la musique pour sonder le fond de leur âme et reconnaître si elle est encore susceptible ou non
d'émotions douces et vertueuses. C'est, à mon
avis, un signe auquel on se tromperait difficilement, et je pose en fait que l'homme sensible
aux accens de la mélodie ne saurait être
perdu sans retour. Ces réflexions, peut-être fu-
tiles en apparence, ne le sont pas au fond :
elles sont le fruit de l'expérience et d'une étude
raisonnée. J'ajouterai encore quelques mots.
J'ai remarqué plus d'une fois que les criminels les plus dignes d'intérêt ne pouvaient
rester seuls et oisifs dans leur prison. Les uns
se procuraient des fleurs qu'ils cultivaient avec
soin et dont ils aimaient à respirer les parfums.
Les autres avaient des oiseaux dans une cage,
ou parvenaient à apprivoiser une souris. Ces
riens, qui auraient paru à d'autres de peu d'im-

portance, me prouvaient que tout sentiment
n'était pas éteint dans le cœur de ces prisonniers, et j'étais d'autant plus fondé à le croire,
que jamais je n'avais remarqué de pareilles habitudes ou *manies*, comme on voudra, chez les
condamnés absolument corrompus.

En quittant la salle des enfans, je demandai
à voir Daumas-Dupin, condamné à mort et attendant au fond d'un cachot le rejet ou l'admission de son pourvoi.

Le directeur et le greffier qui nous accompagnaient nous dirent que depuis la veille il
était de mauvaise humeur, et que peut-être
nous ferions bien de ne point descendre à son
cachot. Je fis demander à Daumas-Dupin s'il
désirait me voir; on vint nous dire qu'il en serait content. MM. d'Aguesseau, de Villeneuve,
le directeur, le greffier, un gardien et moi, des-
cendîmes dans le corridor souterrain qui conduit aux cachots de Bicêtre. Un soldat ayant le
sabre à la main était de garde à la porte du cachot de Daumas étendu sur son lit. J'entrai
seul dans le cachot, et dis à la sentinelle de s'é-
loigner. Daumas fit un mouvement pour se
lever; je lui demandai s'il me connaissait, et s'il

m'avait vu lors de ma visite au bagne, d'où il
s'était évadé. Son regard sévère, ses cheveux,
sa barbe et ses favoris extrêmement noirs, lui
donnaient un aspect repoussant; je ne m'approchai pas moins tout près de son lit sans la
moindre crainte; il devina, je crois, ce sentiment, car il me tendit la main, me parla avec
calme, et parut alors satisfait de ma visite. Jusque là je ne me sentais pas bien dans ce cachot
sombre et qui n'avait pas été nettoyé le matin;
je demandai donc à Daumas s'il voulait se lever
et marcher quelques instans; il se leva aussitôt,
et comme il était tout habillé, nous sortîmes
dans le corridor, où MM. d'Aguesseau et de
Villeneuve fixèrent son attention.

Daumas parut étonné de voir ces messieurs.
Je lui dis qu'ils étaient venus avec moi visiter
la prison, et que leur intention était toute bienveillante et d'humanité. Le cachot de Dupin
était le même que celui où j'avais vu Roch, en
sorte que, malgré moi, j'éprouvai quelque
chose que je ne puis définir dont Daumas s'a-
perçut; il me dit alors :

— Vous avez l'air tourmenté, monsieur, je
ne suis peut-être pas le premier que vous ayez

vu dans cette position; vous nous portez tant
d'intérêt, à nous autres malheureux, que de
telles visites vous font mal; mais aussi quel
bien vous avez fait depuis les quinze années que
vous consacrez tout votre zèle à nôtre défense !
Vos courses dans les bagnes ont produit les
meilleurs changemens. Souvent quand vous
êtes parti on rétablit des abus que votre présence avait détruits; pourtant la plupart dispa-
raissent à jamais, et l'on vous chérit même dans
le séjour du crime; car, il faut vous le dire,
beaucoup de malheureux des bagnes ne méritent pas ce que vous faites pour eux, mais le
grand nombre profite de vos sages conseils,
et beaucoup voudraient bien devenir honnêtes
gens, si le gouvernement leur en donnait les
moyens lorsqu'ils rentrent dans la société.

Je demandai à Daumas ce que je pouvais faire
pour lui; il me remercia, et continua ainsi son
entretien en prenant une physionomie animée
et moins triste :

—Vous souvenez-vous de m'avoir parlé au
bureau du commissaire du bagne? Quel plaisir
vous m'avez fait! mes camarades enviaient mon
sort, et après votre départ ils m'interrogeaient

sur vos moindres paroles. Nous parlions fréquemment de vous, mais en secret, car les gardiens ne voulaient pas entendre prononcer votre nom; et lorsqu'ils savaient que nous vous portions de l'attachement, ils nous prenaient *en grippe*, et souvent de pauvres galériens ont été punis injustement parce qu'ils proclamaient hautement que si on faisait des injustices ils vous en instruiraient.

Je vis qu'il était difficile de parler à Daumas du crime pour lequel sa condamnation avait été prononcée, et je n'osais l'interroger à cet égard; il s'éloigna avec moi seul dans le corridor, et je lui parlai de son complice; ce moyen me réussit : il m'assura alors de son innocence, et entra dans des détails que je ne crois pas avoir le droit de publier.

Peu de temps après cet entretien, Daumas, qui se promenait de long en large, revint auprès de MM. d'Aguesseau et de Villeneuve, et dit fort tranquillement :

— Vous me voyez dans un tombeau vivant; la mort ne m'effraie pas pour moi, mais ma sœur que j'aime si tendrement, quel chagrin elle aura! combien je suis désolé de lui causer une si vive peine!

A ces mots des larmes coulèrent des yeux de Daumas, et il me serra fortement la main comme pour me faire sentir tout ce qui se passait en lui. Il reprit :

— J'ai beaucoup parlé de vous à mon beau-frère, mais je n'osais pas vous écrire ; je savais pourtant bien votre adresse, car au bagne elle est connue de tout le monde ; et puis, que vous dire, que vous demander dans une si triste position ? Je mourrai sans regrets et sans affecter pendant le trajet de la Conciergerie à la Grève un courage qui serait plutôt de l'audace ; peu m'importe qu'une cuisinière ou un garçon perruquier me juge bien ou mal.... Dites-moi, monsieur, lorsqu'on descend à la Conciergerie, est-on exécuté le même jour? et à quelle heure?...

On devine que je ne répondis rien à cette embarrassante question.

Après plusieurs mots sans intérêt, je demandai à Daumas si la défense qu'il avait présentée au tribunal était de lui-même ; et sur sa réponse affirmative, je témoignai le désir d'en avoir le manuscrit :

— Avec grand plaisir, dit Daumas, vous n'a-

vez qu'à le faire demander à Louette, infir-
mier de la Conciergerie.

J'observai à Daumas que sans un mot de lui
on ne le donnerait peut-être pas; il écrivit donc
à Louette pour lui dire de me remettre ce manuscrit (1).

J'allais me retirer, lorsque Daumas-Dupin
me pria de lui accuser réception de son *manuscrit par une lettre écrite de ma main*; il
prévoyait sans doute ce qui est arrivé.

MM. de Villeneuve et d'Aguesseau, vivement émus de cette scène, adressèrent quelques
paroles de consolation à Daumas-Dupin, qui
les remercia avec beaucoup de politesse; et se
tournant de mon côté, il prononça ces mots :

— Adieu, monsieur; n'oubliez pas que vous
m'avez promis de m'écrire et de venir me voir,
à la Conciergerie.

(1) J'allai moi-même le lendemain à la Conciergerie; Louette
vint au guichet, et m'assura que le médecin lui avait pris le manuscrit, qu'il le réclamerait et me l'apporterait; je lui remis le mot de
de Daumas, mais inutilement. M. le docteur, que je ne connaissais
pas, me fit dire d'aller moi-même le chercher chez lui; ce qui assurément était égal à un refus. Je me contentai de faire savoir à Daumas-
Dupin que son manuscrit m'avait été refusé.

Nous remontâmes au greffe extrêmement touchés de cette longue conversation d'un homme qui attend froidement la mort, et qui conserve encore toute sa présence d'esprit. Il faut remarquer que Daumas-Dupin s'est attaché surtout à me recommander ses anciens compagnons du bagne.

Quelques jours après cette entrevue, le pourvoi de Daumas-Dupin fut rejeté, et je reçus de lui la lettre suivante, que je publie entièrement, sans pourtant partager en rien l'opinion qu'il émet sur son jugement.

« Monsieur,

» Lors de la visite que vous avez bien voulu » faire dans l'asile anticipé de la destruction, » vous m'avez manifesté le désir de posséder » le manuscrit de quelques moyens de défense » que j'ai soumis à mes juges, le jour où mon » arrêt fut prononcé ; je m'empressai de vous » donner l'autorisation pour que cette pièce » vous fût remise, et ce n'est que quelques » jours plus tard que j'appris qu'on vous l'avait

» refusée sous des prétextes qui ne pouvaient
» être plausibles.

» Aussitôt que j'appris cette circonstance,
» j'écrivis à ce sujet; on s'est empressé de me
» satisfaire, et je vous adresse par conséquent
» ce même manuscrit, qui n'a pas, comme vous
» le voyez, produit le résultat que j'avais droit
» d'en attendre, et qui peut-être n'a fait qu'ag-
»-graver mes torts aux yeux du jury et de l'opi-
» nion publique. Je vous prie cependant de ne
» pas regarder les principes de matérialisme
» que j'ai manifestés dans une phrase comme
» l'expression de mon cœur; j'ai dû les employer
» par respect humain, parce que je les croyais
» dans l'intérêt de la défense; mais je croirais
» n'être pas d'accord avec moi-même si je ne
» m'empressais de vous persuader que je les
» désavoue intérieurement.

» Je vous parlerai peu de mon affaire, que
» vous connaissez par la malheureuse célébrité
» qu'elle entraîne avec elle, et qui, *je n'en*
» *doute pas*, est la seule cause de ma condam-
» nation. Mes juges ont exigé que je leur *prou-*
» *vasse* que je n'étais pas coupable, lorsqu'il y
» avait de ma part impossibilité physique, tandis,

» au contraire, qu'ils auraient dû puiser la con-
» viction dans des preuves certaines, et qu'ils
» n'ont pu établir le fait matériel que sur des
» *suppositions*. Je les mets encore aujourd'hui
» au défi de pouvoir sans trembler se rappeler
» l'arrêt qu'ils ont signé, et sans s'effrayer d'a-
» voir assumé sur leur tête une aussi dange-
» reuse responsabilité!.... Mais où trouver
» le moyen de pouvoir faire comprendre l'ef-
» froyable position dans laquelle je me suis
» trouvé au moment du crime? C'est trop vous
» entretenir d'une chose qui est maintenant
» sans ressources. J'ai été frappé, au moment
» de mon entrée au service (j'avais alors seize
» ans), que je devais terminer mon existence
» par une mort violente; je me rappelle Wa-
» gram, Lutzen... J'aurais pensé que je devais
» mourir d'un coup de canon.

» Du reste, monsieur, je vous remercie bien
» sincèrement de l'intérêt que vous prenez à
» mon sort; je n'en attendais pas moins de votre
» part; et je n'ai pas douté un seul instant que
» les vertus philantropiques qui vous distin-
» guent ne vous portassent à me plaindre : en
» même temps que des citoyens prononçaient

» mon anéantissement, vous n'avez vu en moi
» qu'un homme malheureux et qu'un frère cou-
» pable ou innocent, et ce sera toujours avec
» un sentiment pénible que vous apprendrez
» que mon sang a coulé!...

» Le moment où le sacrifice doit s'accomplir
» n'est pas très éloigné : quand vous êtes venu
» me voir je comptais encore les jours, main-
» tenant je compte les heures; encore quel-
» ques momens d'une douloureuse agonie,
» et l'instant suprême sera arrivé, je courberai
» ma tête sous le glaive de l'impitoyable déesse,
» et je descendrai dans la froide et sombre de-
» meure du tombeau!... Ne croyez cependant
» pas, monsieur, que je voudrais éloigner cet
» instant; l'image de la destruction, avec la-
» quelle je suis familiarisé, ne saurait, du moins
» physiquement, m'effrayer encore, et j'espère
» que mon âme conservera assez de force pour
» recevoir la mort, non pas comme un scélérat
» audacieux ni comme un soldat téméraire,
» mais comme un homme qui sait mépriser la
» vie, puisque, si je ne m'endormais pas du som-
» meil éternel, il faudrait être continuellement
» malheureux.

» Adieu, monsieur. Je conserve le précieux
» souvenir de vos sentimens d'humanité géné-
» reuse pour moi et pour tous les infortunés.
» Un instant avant de mourir, j'élèverai mon
» âme vers tous ceux qui comme vous sont pé-
» nétrés des mêmes principes; car je dois réser-
» ver ma dernière pensée pour la Divinité,
» devant laquelle j'espère trouver justice et in-
» dulgence.

» Veuillez, avec votre bienveillance accoutu-
» mée, m'accuser réception de ce ce que je vous
» adresse, comme vous me l'avez promis.

» Agréez, je vous prie, l'expression de mes
» sentimens reconnaissans, et l'assurance du
» profond respect avec lequel je suis,

» Votre très humble et très obéissant servi-
» teur,   DAUMAS-DUPIN. »

27 novembre 1829.

Cette lettre ne me fut remise que le *mardi*
1er *décembre*; je répondis de suite à Daumas-
Dupin; mais j'ai lieu de craindre qu'il n'ait pas
reçu cette lettre. Au reste, le *mercredi* matin
on vint chez moi de la part de M. le préfet de
police me demander le manuscrit de Daumas.

Je le remis en y joignant une lettre conçue à peu près en ces termes, et adressée à M. le chef du bureau des prisons :

« Je vous envoie, monsieur, le manuscrit de » la défense de Daumas-Dupin, que ce con- » damné m'avait fait remettre. Je pense que » vous voudrez bien me rendre cet écrit lorsque » M. le préfet en aura pris connaissance. Cette » pièce, déjà publiée d'ailleurs dans tous les » journaux, ne peut rien présenter d'extraor- » dinaire ni d'intéressant pour la police.

» Recevez, etc. »

Mais cet acte de complaisance de ma part ne devait pas suffire. On me renvoya la même personne me demander la lettre qui accompagnait le manuscrit de Daumas; pour prouver à M. le préfet de police combien je désirais ne pas donner prise à la malveillance, je voulus bien encore mettre sous ses yeux cette lettre, et je la portai moi-même à M. Cléau; j'expliquai que, faisant une collection de lettres de criminels, je tenais à celle de Daumas-Dupin, et que j'espérais que M. Mangin, comprenant fort bien le but de ma démarche, s'empresserait de me rendre le manuscrit et la lettre mis par complaisance en sa possession.

Le jeudi 3 *décembre,* Daumas-Dupin fut amené à la Conciergerie vers les *neuf heures*; il écrivit plusieurs lettres; peut-être ce malheureux aura-t-il réclamé l'exécution de ma promesse; mais n'ayant reçu aucune invitation de me rendre dans son cachot, j'ai dû renoncer à l'accomplissement du pénible devoir que m'imposait ma parole. Une des lettres était adressée à Lacour, chef de la police de sûreté, pour le remercier de l'avoir fait arrêter. Cet homme, que *l'Ami de la religion et du roi* avait signalé comme un matérialiste, a écouté constamment avec résignation les exhortations de l'aumônier, et a reçu la mort en disant : *Mon Dieu, sauvez mon âme!*

Daumas-Dupin n'a pas fait un aveu formel de son crime; mais lorsqu'on l'interrogeait à cet égard, il interrompait en s'écriant : *Ne parlons pas de cela; oublions le passé.*

Chapitre sixième.

BENOIT.

✳

Frédéric Benoît, né à Vouziers (Ardennes),
se fit toujours remarquer par sa douceur. La
bonté de son caractère le fit aimer dans sa famille, et jamais on ne découvrit en lui rien qui
pût faire penser qu'il deviendrait méchant ou
cruel. Sa mère le nourrit de son lait, et il fut
élevé par ses soins.

Vers l'âge de dix ans, jouant avec ses camarades, il se laissa tomber du haut d'une rampe
d'escalier, et se cassa l'épaule; elle ne fut remise
qu'imparfaitement : il fut long-temps malade,
et cette chute nuisit beaucoup à sa santé. Dès
ce moment, on pensa qu'aucun état fatigant
ne lui conviendrait, et ce motif fit concevoir à
ses parens le projet d'en faire un prêtre.

Il travailla plusieurs années, à Vouziers,
chez un maître de pension, qui n'eut jamais
à se plaindre de lui, si ce n'est de sa négligence.

A quatorze ans, il entra au séminaire de
Reims, et un an après, il fut ramené à la maison par un ecclésiastique, maître d'étude dans
ce séminaire. On sut que quelques actions
contraires à la pudeur étaient la cause de cette
disgrâce, qui ne devait durer que jusqu'après
les vacances.

Sorti du séminaire, on le plaça chez un curé
de village, à une lieue de son pays. Il y resta
environ deux ans et demi. Jamais cet ecclésiastique n'eut à se plaindre de sa conduite; loin
de là, il le regretta, et eût désiré le voir de-
meurer plus long-temps chez lui.

Il travailla depuis chez un avoué pendant quelques mois, et fut placé ensuite chez un receveur d'enregistrement à Vouziers.

Au mois de février 1829, presque tué par un cheval, les soins de sa mère le rendirent à la vie à la suite de l'opération dangereuse qu'il subit. Il ne voulait près de lui que sa mère : elle seule fut constamment près de lui.

Après l'horrible catastrophe qui désola sa famille, Benoît passa encore sept mois au milieu de ses parens et de ses amis. Jamais on ne remarqua chez lui qu'une douleur bien naturelle après un aussi grand malheur.

Ce serait bien à tort qu'on se formerait une opinion pour ou contre un individu par le fait des débats qui accompagnent sa mise en jugement : c'est une lutte entre l'accusateur public et l'accusé, lutte où l'on voit malheureusement trop souvent l'esprit se torturer, chez l'un, pour ne pas manquer sa proie, chez l'autre pour se soustraire à l'action de la justice.

C'est dans la prison, c'est au milieu de ses semblables qu'il faut voir le condamné, le suivre, épier ses actions, ses paroles mêmes, quand l'une ou l'autre ne sont point étudiées, pour pouvoir se former une idée vraie de son caractère.

Souvent, après leur condamnation, les prisonniers, n'ayant plus d'intérêt à se faire passer pour innocens, se disent coupables des faits qui ont motivé leur condamnation ; mais il est digne de remarque que jamais les condamnés à mort ne font de ces sortes de confidences. Et, du reste, cela se conçoit bien. Incertains qu'ils sont sur leur sort jusqu'au moment où l'on vient les chercher, soit pour entériner leurs lettres de commutation, soit pour être remis au bourreau, ils ont des motifs pour soutenir l'intérêt qu'ils croient avoir inspiré, intérêt qu'ils ne peuvent entretenir qu'en se disant innocens. Dans une condamnation capitale, il y a toujours un *peut-être* négatif à placer, et ce peut-être est la planche de salut de ceux qui l'invoquent.

Prenons pour exemple le malheureux Benoît. Quel cœur ne s'est pas soulevé d'indignation en lisant les détails de son double crime : ce mot de parricide semble repousser tout sentiment de pitié même, et pourtant, pendant tout le temps qui s'est écoulé depuis sa condamnation jusqu'à l'exécution de son arrêt; il n'a rien dit ou fait qui pût justifier l'accusation. Je ne veux pas dire par là qu'il fût innocent; je ne fais cette remarque que pour appuyer ma proposition, que ce n'est pas seulement devant le jury qu'il faut considérer l'accusé pour se former une opinion à son égard.

Benoît ne paraissait nullement soucieux de sa position; et comme il invoquait le ciel en témoignage de son innocence, il ne pensait pas, ou du moins son langage le prouvait, qu'il pût être exécuté. Se disant victime d'une erreur, involontaire sans doute, il prétendait qu'en examinant son dossier, on reconnaîtrait aisément son innocence, et qu'alors la clémente intervention du roi réparerait l'erreur des juges.

Sa conversation était celle d'un condamné à une peine légère; elle approchait même plutôt de la gaieté que de la tristesse.

Si, d'une manière indirecte, on lui parlait d'un crime semblable au sien, il faisait une réponse qui prouve ou un rôle bien étudié ou un grand calme de conscience: *Plus le crime est horrible*, disait-il, *moins on doit y croire....* Quelqu'un, un jour, lui peignit avec un lan-

5

gage et un accent pénétrés la situation d'une
mère se débattant contre la mort sous la main
de son propre enfant : les angoisses physiques et
morales de la victime, ses pleurs, ses prières à
celui qu'elle avait nourri de son lait ; eh bien !
aucun mouvement chez lui n'a annoncé la sensibilité : rien n'a fait voir qu'il comprît même
l'horreur de l'action, et cette indifférence ne
peut s'expliquer que par une profonde scélératesse, ou par une parfaite innocence : *Vous
voyez bien qu'un tel crime est impossible*, fut
la seule réponse qu'on obtint de lui.

Quand on lui parlait de la mort de son ami,
il se récriait sans doute, mais ne faisait point
paraître la même indignation que lorsqu'il était
question de sa mère : était-ce un hommage
forcé du cœur à la nature, ou le fruit d'une
coupable dissimulation ? C'est ce qu'il n'est point
permis aux hommes de décider.

Son courage l'a abandonné aux derniers momens : cette transition subite d'une grande espérance à la perte de la vie est bien de nature à
bouleverser l'être. Ses yeux sont restés secs ; des
cris se sont fait entendre ; mais le nom de sa mère
n'est pas sorti de sa bouche. Il a prié, dit-on ;

J'ai l'honneur de présenter mes respects à Monsieur Laper, en le priant d'avoir l'extrême bonté de vouloir bien venir me visiter, si cela ne pourroit le déranger en rien; car je suis dans une telle affreuse position, qu'il m'est impossible de surmonter.

Jugez Monsieur combien il est malheureux pour moi, et pour mon honorable famille, de se voir ainsi déshonorer.

Je puis vous le dire mon âme n'est point souillée d'un crime, Non! je ne suis pas coupable, et jusqu'au dernier de mes jours je protesterai mon innocence.

Excusez je vous prie monsieur mon défaut d'écriture, et mon manque d'éducation.

J'ai l'honneur d'être monsieur avec la plus parfaite considération votre très humble, et très-obéissant serviteur   H. Benoit

Bitetrance 23 Juin 1832

puisse sa prière être parvenue au pied de l'Éternel, et avoir mérité la clémence divine!

Voici le *fac-simile* de la lettre que Benoît m'écrivit de son cachot, quelques jours avant son exécution.

Chapitre Septième.

REGÈS.

*

Lorsque je visitai Bicêtre, dans le mois de mars 1833, l'assassin de Ramus attendait dans l'un des cachots de cette prison le rejet de son pourvoi, ou le résultat de sa demande en grâce. La première fois que je le vis, il avait l'air préoccupé et peu disposé à s'entretenir avec moi. Cependant la confiance que je lui témoignai

en faisant éloigner l'homme de garde qui veille
constamment à la porte des condamnés à mort,
et en m'enfermant seul avec lui, changea ses
sombres dispositions. Je le questionnai, et il
répondit à mes demandes avec beaucoup d'empressement; sa physionomie était sévère et inspirait peu d'intérêt. Cependant je dois dire que
jamais je n'ai vu de criminel plus sensible et
plus attendri au souvenir de ses enfans. Lorsqu'il me raconta les détails de son arrestation,
et qu'il vint à parler de son fils, qu'on avait
d'abord soupçonné être l'assassin de Ramus ou
au moins complice du crime, de grosses larmes
roulèrent dans ses yeux, et dès cet instant sa
figure prit une nouvelle expression; son langage me fit comprendre qu'avant tout il était
bon père. Il me répéta plusieurs fois que pour
lui-même il ne tenait pas à la vie, mais que le
regret qu'il emporterait sur l'échafaud serait le
déshonneur de sa famille et l'abandon de ses enfans. Il me témoigna, à la suite de notre longue
conversation, le désir de me revoir encore. Je
m'empressai de satisfaire à ce dernier vœu, je
retournai à Bicêtre le 1er mars et l'engageai à
m'écrire une note détaillée sur sa condamna-

Maison de Détention de Bicêtre le 1er Mars 1833

Monsieur

Je profitte des offres obligeantes que vous m'avez faittes en me permettant de
vous écrire, et de vous intéresser à moi, ainsi qu'à ma malheureuse épouse et mes
malheureux enfants, sur mon triste sort, espérant que vous pourrez nous être
de grande utilité auprès de LL. MM. Le Roi et La Reine des Français

Comme j'ai déjà eu l'honneur de vous le dire de vive voix Je n'ai Jamais
Paru en Justice d'aucune manière, ni aucun de ma famille (pas plus que celle
de mon Épouse) nos familles de tous les deux Jouissent d'une très bonne réputation
dans notre Pays, et on peut même s'en convaincre à Paris, auprès de Monsieur
Terrier Député de la Haute Saône, qui est de mon Pays, et voisin de mon
Père, il demeure Rue Richelieu Hôtel du Piémont.

J'ai été condamné le 26 Janvier dernier par la Cour d'assises à la Peine
capitale comme coupable d'avoir assassiné le nommé Rumus pour lui voler
l'argent dont il était Porteur, Je vous le répète encore Monsieur, la mort de cet
homme ne provient point de ma Volonté mais bien pas un accident imprévu
que Je vous ai conté, et Je le Jure devant Dieu qui m'entend et Le dirai Jusqu'à
la mort qu'il n'était porteur d'aucun Argent, ni de Valeurs en billet de Banque
comme on le prétend, d'ailleurs pour ma Justification, on m'a fait faire le face
tous les changeurs de la Capitale et pas un seul ne m'a reconnu, Enfin
Monsieur Je ne vous entretiendrai pas plus longtems sur ce sujet Craignant
d'abuser de votre Patience, si ce n'est cependant que Vous observer que Le Jour de
l'accident cet homme à passé une partie de la Journée chez une Dame Bariolle qui
tient une maison de femmes Prostituées et n'en est sorti que sur les 4 heures après midi
T. S. V. P.

heure environ a laquelle il s'es rendu chez moi. Trois de ces femmes ont comparu
en Justice et ont déclaré devant messieurs les Jurés qu'elles avaient bien reconnu
cet homme mort pour être celui qui était allé chez elles, mais on n'a eu aucun
Egard à tout cela.

C'est Monsieur Hardy avocat rue de Sorbonne n°3 que a été nommé d'off.
pour me défendre, mais n'ayant eu le plaisir de le voir que 2 fois avant mon jugement
il ne s'est presque pas occupé de mon affaire, et n'ayant pas ce moyen

tion et les causes qui l'avaient motivée. Il parut
extrêmement touché de ma visite, et cette fois
il me reçut avec beaucoup plus d'égards et d'a-
ménité; il voulut savoir si je pensais que son
pourvoi fût rejeté, ou que sa demande en grâce
fût accueillie, et si dans le premier cas on l'exé-
cuterait bientôt. Je lui répondis que je n'avais
aucun renseignement à ce sujet, ce qui était
vrai.

Le lendemain, de très bonne heure, il demanda de la lumière, du papier, de l'encre et
des plumes pour m'écrire et mettre au net une
longue note qu'il avait rédigée immédiatement
après mon départ de Bicêtre.

Il en était au point où le *fac-similé* ci-joint
s'arrête, lorsqu'on vint l'avertir de monter au
greffe. Alors il comprit que sa dernière heure
était venue. Il entra dans une grande colère,
exprimant vivement sa surprise de ce que je ne
l'avais pas prévenu la veille de son exécution,
et, dès cet instant, cet homme fort, vigoureux,
et dans un parfait état de santé, changea totalement de physionomie, d'attitude; et on eût
dit, à voir son abattement, qu'il était malade
depuis trois mois. Il ne fit aucune résistance,

et fut emmené à la place fatale où devait tomber sa tête.

Ayant appris que Régès m'écrivait lors de son départ de Bicêtre, et que ses papiers pouvaient être restés dans sa poche, je les fis réclamer au bourreau, qui ne fit aucune difficulté pour me les donner.

Voici la fin de la lettre de Régès, telle qu'on l'a retrouvée sur la minute.

« ... n'a pu bien me défendre; il m'a fait une » demande en grâce auprès de Sa Majesté, que » j'ai signée; mais elle est toute simple, et ne » donne aucun détail de mon affaire, ni de la » franchise que j'ai mise dans mes dépositions, » et de celle avec laquelle je me suis rendu moi- » même pour faire sortir mon pauvre fils des » prisons; je crois cependant que cela aurait » pu être utile.

» Je vais, comme je vous l'ai promis, vous » donner le détail exact de mon affaire.

» Ramus, que je ne connaissais que depuis » peu de temps, est venu me voir dans ma » chambre le 30 août dernier, sur les trois ou » quatre heures après midi. J'étais dans ce mo-

» ment occupé d'écrire à ma femme. Il avait
» l'air bien échauffé : je l'invitai à s'asseoir pour
» un instant. Je lui demandai s'il voulait pren-
» dre une goutte d'eau-de-vie, que j'en avais de
» très bonne : il accepta. Je pris donc un flacon
» qui en contenait; j'en versai dans deux verres;
» nous bûmes ensemble; je lui dis ensuite que
» n'ayant plus que quelques lignes à écrire pour
» achever ma lettre, il m'attendît un instant,
» que je l'accompagnerais en allant la mettre à
» la poste : il le fit. Je lui demandai s'il voulait
» encore boire la goutte; j'avais plusieurs fla-
» cons de la même espèce sur ma cheminée :
» dans l'un d'eux il se trouvait malheureu-
» sement de l'acide très fort, il prit ce flacon,
» en versa dans nos verres et but. Aussitôt
» qu'il eut avalé, je vois cet homme chance-
» ler : je lui demandai ce qu'il avait; il ne me
» répond rien. Il était mort et m'avait en-
» traîné moi-même avec lui dans sa chute. Aus-
» sitôt que je fus relevé, je jetai les yeux sur les
» bouteilles; je m'aperçus de la méprise, et m'é-
» criai : Je suis perdu ! Voyant qu'il ne faisait
» plus de mouvemens, la tête m'a tourné; je
» suis sorti précipitamment de ma chambre,

» sans même la fermer à la clef, et j'ai couru
» comme un furieux sans savoir où j'allais. Il
» n'y a que quand mes esprits se furent remis,
» que je reconnus que j'étais dans les Champs-
» Élysées, il était presque nuit ; je ne savais que
» faire, et quel moyen prendre pour sortir
» d'embarras. Je retournai chez moi, où je vis
» le corps mort. Personne n'était venu dans ma
» chambre.

» N'ayant toujours pas la tête à moi, je pris le
» parti de *séparer* le corps, et de le porter hors
» de chez moi pour n'être pas reconnu. Je ne
» vous en dirai pas davantage, ne pouvant pen-
» ser à cela sans frémir !

» Le lendemain 31 août, j'allai trouver mon
» fils qui était dans sa pharmacie, et lui dis de
» venir avec moi pour lui acheter des souliers,
» des bottes et autres effets, dont je savais qu'il
» avait besoin, parce que je me proposais de
» partir le lendemain pour mon pays. Comme
» il savait que je devais faire ce voyage pour mes
» affaires, il ne m'en demanda pas davantage.
» Aussitôt nos emplettes faites, je le reconduisis
» chez son chef, et réglai mon compte avec lui
» pour les honoraires de mon fils. Je fis mon

» porte-manteau ; aussitôt après, je le pris sous
» mon bras, et j'allai prendre mon fils en pas-
» sant, pour qu'il vînt avec moi le porter à
» la diligence, rue Montmartre, où je l'adressai
» bureau restant, à Dijon. Je *fus* souper le soir
» chez un de mes amis du pays, pour lui deman-
» der des commissions pour ses parens. Je n'y
» restai que peu de temps et me retirai. Avant
» de rentrer chez moi, j'allai dire à mon fils que
» je partirais le lendemain matin à cinq heures,
» à pied, et qu'il viendrait m'accompagner jus-
» qu'aux barrières. Toute la nuit je ne pus dor-
» mir ; je croyais toujours entendre quelqu'un
» de la police qui venait me prendre. Enfin, vers
» le matin, accablé de fatigue et tourmenté, je
» me suis assoupi un instant. Aussitôt le sang
» me prit par le nez ; je saignai considérable-
» ment. Comme l'heure du départ indiquée à
» mon fils était passée, et qu'il était déjà six
» heures, il vint me trouver, craignant qu'il ne
» me *soit* arrivé quelque accident. Il monta dans
» ma chambre en me disant que j'étais en re-
» tard. Je lui dis que j'avais eu mal à la tête toute
» la nuit, mais que cela allait mieux, parce que
» j'avais beaucoup saigné au nez. Il vit à la vé-

» rité que je saignais encore un peu, et que je
» crachais le sang; il voulait m'empêcher de
» partir; mais lorsque je l'eus persuadé que je
» me portais mieux, il ne me dit plus rien. Je
» mis ma blouse; je lui recommandai de venir
» souvent donner à manger à une caille que j'a-
» vais dans ma chambre, le chargai de plusieurs
» commissions, et nous sortîmes. Comme son
» linge était dans ma chambre, je lui en laissai
» la clef. Nous *fûmes* déjeuner chez un marchand
» de vins de notre pays, rue des Blancs-Man-
» teaux, et après déjeuner, il m'accompagna
» jusqu'au faubourg Saint-Antoine. Comme il
» faisait mauvais temps, je lui dis qu'il était venu
» assez loin ; je lui recommandai d'être sage, de
» m'écrire toutes les semaines et de retourner
» à son travail. De là je fus coucher à Melun, etc.,
» et suis arrivé chez moi le 4 au soir bien tard ;
» mais je puis vous assurer que tout le long de
» la route je croyais voir venir la gendarmerie à
» ma suite. Je ne m'arrêtais que dans les petits
» endroits, pour prendre un peu de nourriture,
» et je marchais toute la nuit.

» Pendant un mois que je restai chez moi,
» je n'étais pas tranquille; je croyais, quand je

» sortais, que tout le monde me regardait. La
» nuit, je ne pouvais m'endormir, et m'éveillais
» toujours en sursaut. Lorsque ma femme me
» demandait pourquoi je ne dormais pas tran-
» quille, je lui disais que c'était le changement
» d'air qui en était cause, et tournais la conver-
» sation sur d'autres sujets. J'ai reçu quatre
» lettres de mon fils pendant mon séjour chez
» moi; il m'entretenait même de cet individu,
» me disant qu'il avait travaillé à l'analyse de
» son corps; et qu'il croyait que les auteurs de
» ce crime avaient été arrêtés, etc., etc. Il ne
» présumait guère, le pauvre enfant, qu'en m'é-
» crivant cela il rouvrait des plaies que j'avais
» enfermées dans mon cœur; il me disait aussi
» de ne pas tarder à revenir comme je lui avais
» promis. La police a trouvé ces lettres dans
» mon portefeuille.

» J'ai répondu à mon fils que j'allais bientôt
» repartir; que sans des affaires qui m'avaient
» retenu plus de temps que je ne croyais, je se-
» rais déjà parti, et que le 10 octobre je serais
» près de lui. La police a aussi saisi cette lettre
» sur mon fils, et on devait bien voir par-là que
» je serais bientôt de retour.

» Enfin, le 2 octobre, à huit heures, *Deles-*
» *champs,* pharmacien à Paris, chez qui était
» mon fils, écrivit à son cousin, qui est mon
» beau-frère, qu'on venait d'arrêter mon fils;
» qu'il était en prison, au secret, que j'étais
» accusé d'être l'auteur de l'assassinat de Ra-
» mus, et qu'on était à ma poursuite.

» Lorsque je connus le contenu de cette let-
» tre, je me mis à crier : Mon fils en prison! le
» pauvre enfant! il n'y sera pas long-temps; je
» vais le faire sortir. Ma pauvre femme me de-
» manda ce que c'était. Je lui répondis : Ton fils
» est en prison, accusé d'un crime dont il est
» innocent; donne-moi vite mes guêtres, que
» je parte de suite pour le faire sortir. La po-
» lice est à ma poursuite, et on ne me prendra
» pas chez moi. Elle se trouva mal dans ce mo-
» ment. Je lui dis de se rassurer, que ce n'était
» rien. Enfin, elle me demanda, ainsi que son
» frère : As-tu fait quelque chose qui ne doit
» pas se faire; dis-nous-le, et va-t'en plutôt en
» Suisse qu'à Paris; là on ne pourra rien. Je lui
» dis pour toute réponse de se tranquilliser,
» que je n'avais rien fait, et que je ne vou-
» lais pas que mon fils innocent restât plus

» long-temps en prison. Je pris donc de l'argent
» qui était chez moi, et partis. Mon beau-frère
» m'a accompagné pendant un quart de lieue;
» il m'a tourmenté pendant tout le temps que
» nous avons été ensemble pour que je lui *dise*
» ce que j'avais fait. Je lui ai toujours répondu :
» Rien ; tout ce que je lui disais, c'était : Mon
» fils est en prison, je vais le faire sortir. Je lui
» ai dit adieu en l'engageant de rassurer ma
» femme et ses sœurs; il était environ neuf
» heures et demie du matin.

» En passant à Mirebeau, à cinq lieues de
» Dijon et de Gray (il était une heure après midi)
» j'ai rencontré M. Vidocq qui était dans une
» chaise de poste arrêtée devant la poste aux
» chevaux; je me suis douté que c'était après moi
» qu'il courait; il m'a beaucoup regardé, et
» croyant qu'il me reconnaissait, je suis entré
» dans un café, pour prendre un verre de bière;
» ils m'y ont vu entrer; et comme ils ne m'ont
» rien dit et qu'ils ont continué leur route du
» côté de Gray, j'ai suivi mon chemin du côté de
» Dijon, et ai marché toute la nuit. En sortant
» de Sens, à trois heures du matin, il faisait un
» clair de lune superbe, je vois venir derrière

» moi une poste ; lorsqu'elle passa à côté de moi,
» je reconnus encore parfaitement que c'était
» Vidocq qui était dedans, et me suis même
» assis derrière jusqu'au relai ; de là, j'ai pris
» l'avance, et suis arrivé à Montereau avant lui,
» tant j'allais vite, et j'étais sur le pont de Mon-
» tereau à fumer ma pipe lorsqu'il est passé. Et en
» montant la côte de cette ville qui est rapide,
» je l'ai encore rejoint, et avais envie de lui dire
» de me donner une place dans sa voiture ; mais
» ayant craint qu'il ne *me mette* entre les mains
» de la gendarmerie, c'est ce qui m'en a empê-
» ché : c'était le dimanche. J'ai continué ma
» route à pied, et suis arrivé à Melun à la chute
» du jour ; comme il pleuvait un peu et que
» j'avais besoin de repos, j'y ai passé la nuit,
» et je n'en suis reparti que le 8, à dix heures
» du matin *rapport au mauvais* temps qu'il
» faisait, et suis arrivé à Paris à six heures du
» soir. Aussitôt mon arrivée j'allai de suite
» voir si mon fils était en liberté, et ayant ap-
» pris que non, j'allais me rendre à la préfec-
» ture de police, lorsqu'en passant sur le pont
» Saint-Michel je fus accosté par un agent de la
» police de sûreté qui me dit : — Monsieur, ne

» vous appelez-vous pas Pierre? Je lui dis de
» suite : — Venez avec moi à la préfecture de po-
» lice, là vous connaîtrez mon nom. Il m'a con-
» duit dans le bureau de Vidocq; aussitôt que
» celui-ci m'aperçut, il dit : — Ah! c'est bien lui
» que j'ai rencontré à Mirebeau; mais on m'avait
» mal donné son signalement. De suite ils m'ont
» fouillé, m'ont pris mon argent, ma montre,
» mon portefeuille; enfin, tout ce que j'avais
» sur moi, et m'ont interrogé. Je leur ai dit :
» Faites sortir de prison mon fils qui est inno-
» cent, ainsi que les autres personnes que vous
» avez arrêtées; et je vous dirai tout. Après
» qu'ils me l'ont eu promis, je leur ai dit franche-
» ment ce qui en était comme je vous le dis.
» Le lendemain, je leur ai rappelé la pro-
» messe qu'ils m'avaient faite de mettre mon
» fils en liberté; M. le juge d'instruction m'a ré-
» pondu qu'il croyait bien qu'il était innocent,
» mais qu'il ne pouvait le faire de suite. Enfin,
» ils l'ont laissé deux mois, ce malheureux en-
» fant, sous les verroux de la Force, où j'étais
» moi-même au secret, sans me donner la satis-
» faction de le voir. Ah! que je souffrais! on ne
» peut s'en faire une idée.   Régès. »

Je crois personnellement Régès coupable. Mais, au milieu de l'horreur qu'inspire son crime, n'est-il pas permis de lui accorder un peu de compassion en songeant au sentiment paternel qui lui fit abandonner toute tentative de salut pour sauver son fils et assumer volontairement sur sa tête les charges de l'accusation ?

Chapitre Huitième.

URBAIN LEMELLE.

*

Urbain Lemelle, condamné, après récidive, à douze ans de travaux forcés, par arrêt de la cour d'assises d'Angers, du 23 décembre 1820, pour soustraction d'un cheval dans un pâquis, était parvenu à s'échapper du bagne de Brest, le 4 août 1825. Reconnu à Paris, le 28 juin 1832, c'est-à-dire sept ans après son évasion, il fut

envoyé à Bicêtre, vers le mois de novembre de
la même année, pour y attendre.le départ de
la chaîne.

Des notes fournies par ce condamné, et plusieurs personnes qui avaient eu avec lui de
longs rapports, avaient alors excité mon intérêt
en sa faveur, et je crois que quelques détails
sur ce malheureux forçat ne seront point dé-
placés dans cet ouvrage.

L'exemple du pauvre Urbain Lemelle servira
à faire ressortir une partie des inconvéniens si
terribles de la surveillance exercée envers les
libérés, et qui est l'obstacle le plus insurmontable qu'on puisse opposer à leur amendement et
à l'amélioration de leur conduite. Nous nous
proposons, d'ailleurs, de consacrer ultérieure-
ment un chapitre particulier à cette disposition
de notre code criminel, contre laquelle nous
n'avons cessé d'élever la voix et de réclamer de
toute la force de notre conviction. Nous dirons
en son lieu ce que, dans notre opinion, cette
surveillance a d'immoral et d'abusif. Nous si-
gnalerons en quoi elle ne peut servir qu'à faire
des victimes, et non à rendre meilleurs ceux qui
en sont l'objet. Nous essaierons de prouver

qu'elle ne peut être utile à personne, et qu'elle rend la position du condamné plus déplorable après l'expiration de sa peine que lorsqu'il la subissait. Mais revenons à Lemelle.

Il n'y a guère d'animaux domestiques dont Urbain Lemelle n'ait été réduit à envier le sort, depuis sa naissance jusqu'à l'âge de trente-deux ans; sobre, docile, laborieux, résigné comme la plupart d'entre eux, il ne trouvait pas toujours, en échange de ses travaux, la mesure d'alimens nécessaire au soutien de sa triste existence.

Les souvenirs qui lui restent des huit premières années de sa vie (1) s'accompagnent d'un frémissement involontaire, car il ne se rappelle pas un jour de cette époque passé sans douleurs, pas un où il n'ait eu à souffrir ou la faim, ou le froid, ou de mauvais traitemens.

Que l'on se figure, dans une misérable chaumière d'un hameau de l'Anjou, douze enfans dont Urbain était le onzième. Leur père, impatienté, découragé par sa malheureuse position, n'ayant pour tout bien que trois mauvais che-

_____

(1) Il est né au hameau de Bourg, près d'Angers.

vaux, et d'autre profession que celle de *voitu-
rier-cossonnier*, profession qu'il aimait parce
qu'elle le retenait hors du logis et lui en déro-
bait la misère; au retour, répondant par des
juremens aux cris de besoin de sa jeune famille,
et n'épargnant pas toujours leur pauvre mère;
qu'on se figure cette infortunée réduite à verser des larmes stériles sur les malheureux enfans
qui l'entourent et lui demandent du pain et des
vêtemens dont elle manque elle-même; suc-
combant enfin sous le poids de tant de maux,
avec la déchirante pensée qu'elle laisse ses
enfans en proie à la plus affreuse misère; l'innocente famille chassée, dès le lendemain des
funérailles de la mère, par celui qui lui a donné
l'existence, cherchant un asile, les uns dans les
rangs ou à la suite de l'armée, les autres à la
ville ou dans les villages voisins; Urbain, de son
côté, à demi nu et mourant de faim, allant, de
ferme en ferme, s'offrir pour du pain, pour le
pain que pouvait consommer un enfant de *huit*
ans, et admis, à cette condition, dans une écu-
rie où il fit le service des bestiaux mieux qu'on
ne devait attendre de la faiblesse de son âge...
Qu'on se figure tout cela, et on aura une idée de

l'abandon où se trouvait la famille du pauvre Lemelle.

Du pain en suffisance et de la paille à discrétion! ne plus jeûner, n'avoir plus froid, ne plus être battu! cette situation nouvelle suffit et parut heureuse à l'orphelin!

Il en jouit pendant trois ans qu'il passa chez *Brisset*, son premier maître. Ce brave homme était humain et bienveillant. Comme il portait beaucoup d'intérêt à Urbain, il favorisa son admission chez un riche propriétaire du voisinage, M. de Terbes, qui lui confia la garde d'un troupeau de moutons. Là, il fut nourri, vêtu, et il recevait, à titre d'encouragement, un léger salaire qui devait être progressivement augmenté chaque année. Mais, au bout de quinze mois, une spéculation nouvelle détermina la vente des moutons et le renvoi du berger. *Pachelot*, berger d'une commune voisine, l'avait remarqué, il se l'adjoignit pour la garde de ses troupeaux, pendant quatorze mois qu'il vécut encore. A la mort de ce troisième maître, le désir de voir une de ses sœurs, placée à la ville, conduisit Urbain à Angers. Quoique d'une très petite stature, il paraissait assez robuste, et ses mem-

bres bien proportionnés annonçaient de la force
et de l'agilité. Des maîtres bateliers qui avaient
fait ces observations, lui proposèrent de s'attacher à la marine : deux jours après, il était
mousse. Il avait alors un peu plus de treize ans.

Rien d'aventureux dans ces navigations tout
intérieures, rien qui dédommage de fatigues
continuelles; on n'y devient pas matelot, on
reste marinier, c'est-à-dire homme de peine
sans avenir; on ne quitte guère la *Maine* ou la
Loire, et celui-là a fait un voyage de long cours
qui a chargé pour *Nantes* ou pour *Orléans* :
c'est une vie de porte-faix. Urbain fut bien vite
désenchanté, et, pour s'assouplir aux durs travaux et aux mauvais traitemens dont on l'acca-
blait; il eut besoin de toute sa résignation. Il
trouva dans C..., son patron, un homme d'un
naturel bas et cupide, avare et débauché tout
à la fois, et dur jusqu'à la férocité. Marié en
secondes noces à une véritable marâtre qui le
dirigeait, les fils du premier lit ne furent pas
plus épargnés que le nouveau mousse, ce mousse
qui, en acceptant, avait rêvé un capitaine, des
dangers, de la gloire, des tempêtes, des grades,
des honneurs... tout ce que peut enfanter une

imagination de treize ans. C'est la seule illusion à laquelle se soit abandonné le malheureux Urbain, illusion dont il aimait à rappeler le souvenir, en présence des affreuses réalités qui ont flétri son existence.

L'équipage de l'ignoble bateau ne se composait que de cinq hommes, c'est-à-dire des deux fils C... et de deux mousses soumis aux ordres et aux coups de l'impitoyable patron. Trop isolé pour se créer des relations nouvelles et trop jeune pour se soustraire à son bourreau, sans y être aidé, Urbain se vit meurtri par la corde comme jadis il avait été déchiré par le fouet : cela dura trois ans sans autre particularité importante que l'amitié dont il se lia avec le plus jeune des fils qui était de son âge et qui fut la cause de ses premiers malheurs.

C'est comme marinier qu'il fut employé la quatrième année, à la fin de laquelle C..., qui déjà lui devait soixante-dix francs pour un premier voyage achevé en cette qualité, ne voulut le payer qu'au terme du second voyage commencé que les glaces venaient d'interrompre ; et comme il est d'usage que les mariniers se retirent dans leurs foyers jusqu'au dégel, avec une indemnité de quinze centimes par lieue, il voulut y soumettre Urbain, qui n'avait ni famille, ni argent, ni asile. Touché de l'affreuse situation de son ami, et réduit lui-même au désespoir par la barbarie de sa belle-mère, le jeune C... conçut tout-à-coup un plan d'évasion qu'il arrangea ainsi. « Pendant qu'on va s'amuser à la fête » du village, nous reviendrons au bateau enle- » ver le sac de gros sous qui sert à la dépense » courante; nous le tirerons facilement du mau- » vais coffre où on le dépose, et nous le cache- » rons dans un des saules de la prairie; nous » retournerons bien vite à la fête, on ne nous » soupçonnera pas, et, dans deux ou trois jours, » nous partirons pour Nantes avec le sac qui » nous fera vivre jusqu'à ce que nous trouvions » à nous classer dans la grande navigation. » Urbain fit observer à C... que c'était là un vol. — Non, puisque mon père te doit au moins » autant que ce que nous emporterons; et » d'ailleurs que deviendras-tu, où iras-tu dans » deux jours avec tes trois sous par lieue? »

Une heure après le fils avait enlevé le sac, l'avait apporté au bord du bateau, l'avait placé sur les épaules d'Urbain qui l'attendait et qui le porta dans un arbre du voisinage. Les deux amis revinrent à la fête dépenser en gâteaux la moitié des douze sous que chacun d'eux avait prélevés sur les quatre-vingts francs que ce sac contenait, dit-on. Ils étaient alors âgés de dix-sept ans, sans aucune espèce d'instruction ou d'expérience; aussi tout cela fut-il exécuté avec une imprévoyance, une étourderie qui ne tarda pas à les trahir. L'empreinte du pied d'Urbain, restée sur la neige, conduisit à l'avenue des saules, et des débris de bois pourri indiquèrent l'arbre qui recélait le trésor. Ils s'étaient solennellement promis, par les grands sermens de cet âge, de ceux-là qu'on n'a pas encore appris à violer, ils s'étaient juré de ne point se trahir s'ils étaient accusés, et de toujours nier. Ce système, aveuglément suivi jusqu'au bout, ne préserva pas Urbain d'une accusation qui, malgré la trace du délit, jeta la justice dans de grandes incertitudes. Enfin, après sept mois de prévention, l'infortuné présenté par ses accusateurs sous les rapports les plus défavorables, signalé comme un vagabond dangereux et défendu avec insouciance, fut condamné à sept années de travaux forcés. Il paraît que pour ti-

rer le sac C... avait été obligé de soulever une
mauvaise serrure, ce qui détermina la nature
de la peine.

Une confession naïve eût sauvé l'accusé, sans
doute; mais alors il se la fût reprochée comme
un parjure; et d'ailleurs, dans son ignorance
absolue des lois, il était loin de s'attendre à une
telle condamnation.

Urbain, accablé, ne comprit pas qu'il pouvait en appeler; on le fit presque aussitôt partir
pour *Lorient*, et là, comme on ne le trouva
propre qu'à la fatigue, aucun soulagement ne
vint adoucir ses maux. Cependant, il résulte des
registres du bagne qu'il ne subit aucune punition pendant ces sept années, exemple presque inouï; il y fut au contraire noté comme
ayant été un modèle de bonne conduite et de
résignation.

Le libéré, qui avait alors vingt-cinq ans, demanda Angers pour résidence. Là, on savait
qu'il avait commis une faute, mais on savait
aussi qu'il n'en avait commis qu'une, et qu'il
l'avait cruellement expiée. Il s'y présentait avec
confiance, il y fut accueilli avec dédain; et
comme si l'état de surveillance l'eût mis pour

toute sa vie hors de l'humanité, on le repoussa
de tous les foyers : il ne lui fut pas même permis, comme à Caïn, de gagner son pain à la
sueur de son corps. Seulement, l'autorité le
laissa libre d'aller dans le canton qui l'avait vu
naître ; mais là, point d'ouvrage, on ne put que
le plaindre et lui offrir en passant la part du
pauvre : son père lui-même ne lui offrit rien.
Enfin, le seul homme qui avait pu l'apprécier,
Brisset, son premier maître, le recueillit, l'engagea pour un an, et l'occupa à des travaux de
terrasse. Les forces d'Urbain ne répondirent pas
à son zèle ; avant la fin de l'année il essuya une
maladie qui le mit aux portes du tombeau.

Sorti de l'hôpital à demi guéri, remplacé
chez son maître, sans asile, sans nourriture, il
erra quelques jours éprouvant toutes les horreurs de la faim et du désespoir. Un dimanche,
qu'il venait d'obtenir un pain au presbytère de
Brioley, il se traîna près d'un vaste terrain où
paissaient plus de deux mille chevaux ; c'était le
pâquis commun de plusieurs villages. Là, au
lieu de manger son pain, il l'arrosa de ses larmes. A la vue de ces animaux, abondamment
pourvus du nécessaire qui lui manquait si sou-

vent, sa tête s'exalta; il se demanda ce qu'il avait fait pour être ainsi déchu, et pourquoi cette terre si fertile ne produisait pour lui que des ronces et des épines? Interrogeant l'avenir, il s'y vit perpétuellement parqué sous le réseau de la surveillance; c'est-à-dire signalé et flétri partout où on lui permettrait de porter ses pas. Il conçut alors que les malheureux réduits à cette horrible situation n'avaient de conseil à prendre que de leur désespoir et d'autre alternative que le crime ou la mort. Mais, se dit-il, ne puis-je m'expatrier? trente lieues seulement me séparent de la mer! Ingrandes, Nantes, Paimbœuf, puis un bâtiment américain, puis l'Amérique!! Et dans son exaltation, l'infortuné se lève, retombe épuisé, se relève, se jette sur un de ces chevaux dont il enviait le sort, lance l'animal sur la route d'Ingrandes, et sans selle, sans fouet, sans bride, à l'aide du seul licol, parvient jusqu'auprès de cette ville. Parti à la chute du jour, il arrive au lever du soleil, abandonne dans un autre pâquis sa monture fatiguée et se dispose à entrer dans la ville. Mais il avait été aperçu; l'abandon de ce cheval avait paru étrange, suspect;

on le suit, on l'arrète, on le conduit au maire, à qui il déclare sans hésiter son nom et le nom de la commune d'où provient le cheval; il demande qu'on l'y conduise, et dit que là il donnera des explications satisfaisantes. Pendant qu'on délibère, sans trop le surveiller, il voit le moyen de s'échapper et de suivre son projet, en profite et se traîne jusqu'à Nantes où il acquiert la triste certitude que pour être reçu même en Amérique il lui faut des papiers qui lui manquent!

Urbain l'a dit maintes fois : si ce jour même il ne se donna pas la mort, c'est qu'à l'aspect d'une église le souvenir confus et la frayeur de l'éternité vinrent arrêter le mouvement de détresse qui précipitait ses pas vers la *Loire*, et suspendre sa funeste résolution.

Le lendemain il rencontra un maître batelier de Greneville, près d'Angers, qui venait de charger pour cette dernière ville ; il avait besoin d'un aide pour ce voyage : la rencontre convint également à tous deux. De retour à Angers, Urbain était à la recherche d'un autre patron quand on l'arrêta.

Il n'était jamais entré dans ses projets de s'emparer du cheval dont il s'était servi. En l'a-

bandonnant au pâquis d'Ingrandes, il présumait que cet animal serait incessamment réclamé, et, d'après sa déclaration au maire de
cette ville, il ne doutait plus que la restitution
n'eût été faite ; raisonnant d'après sa conscience,
il était sans inquiétude sur les suites de cette
affaire, et ce qui le prouve c'est son retour sur
le lieu même, pour ainsi dire, et sa rentrée
presque immédiate dans une ville où il n'était que
trop connu. Mais l'autorité avait raisonné autrement ; et comme le maire d'Ingrandes avait
envoyé avec le cheval le nom d'Urbain, que
celui-ci n'avait pas déguisé, l'ordre de l'arrêter
fut mis à exécution dès les premiers jours de
son arrivée.

　Traduit aux assises, il fit à ses juges le récit
des faits tels qu'on vient de l'exposer : c'était
l'accent de la vérité qu'un incident vint fortifier
encore. C'est à Brisset, le maître qui deux fois
avait recueilli l'orphelin, qu'appartenait ce cheval qu'il avait acheté pendant le séjour d'Urbain
à l'hôpital, et que par conséquent celui-ci n'a-
vait pu reconnaître. Brisset déclara qu'il connaissait bien l'accusé pour l'avoir eu long-temps
à son service ; qu'il le regardait comme un hon-

nête garçon et le croyait incapable d'avoir voulu commettre un vol dont lui, Brisset, ne se plaignait pas. Il suffit que la société se plaigne, répliqua l'avocat-général ; alors il rassembla toutes les présomptions qui naissaient de la procédure et des dépositions venues d'Ingrandes, et parvint à élever des doutes qui, sous l'influence du souvenir de la première condamnation, se changèrent en certitudes.

C'est ainsi que, dix-huit mois après sa libération, l'infortuné fut replongé dans les horreurs du bagne. L'article 388 du Code pénal, relatif à l'enlèvement de bestiaux dans les champs, prononçait seulement la réclusion ; mais l'art 56, paragraphe 3 du même Code, sur la récidive, détermina la peine des travaux forcés. On la prononça pour *douze ans*.

Le 4 août 1825, quatre ans et huit mois après sa seconde condamnation, il parvint à s'échapper du bagne de Brest, à la suite d'une punition qu'il venait de subir. Malgré tous les malheurs qu'il y avait éprouvés, son cœur le rappelait encore vers l'Anjou ; mais s'y présenter c'eût été redemander des fers. Il sentit que Paris seul pouvait le dérober aux recherches ; il s'y rendit aussi promptement que put le lui permettre la nécessité de cacher sa marche ; dès le lendemain de son arrivée, s'étant introduit au milieu des travailleurs de la Grève, il fut admis chez un maître qui l'honora de toute sa confiance, le garda pendant trois ans, ne l'aurait jamais renvoyé et le regrette encore.

Admis chez un autre maître à des conditions plus avantageuses, il y eut à sa disposition d'immenses quantités de marchandises et des sommes considérables, sans qu'il lui soit jamais venu à la pensée d'abuser de la confiance sans réserve qu'on lui avait accordée; il y fut employé pendant quatre ans, et il y serait probablement resté si, le 28 juin 1832, un agent de la brigade de sûreté ne l'eût reconnu et fait arrêter. Pour la troisième fois il allait être conduit aux galères.

Nous sommes loin d'excuser Urbain Lemelle au point de fermer les yeux sur des fautes réelles qu'il expie aujourd'hui si cruellement ; mais nous ne craignons pas d'affirmer qu'il y a dans le cœur de ce forçat des germes de bien dont il a donné des preuves éclatantes, lorsqu'il s'est trouvé à même de cacher aux yeux de ceux qui

l'employaient la honte de son ancienne condamnation. Depuis son évasion jusqu'au moment
où il fut reconnu à Paris, sa vie a été irréprochable; les différens maîtres qui l'ont occupé et
qui lui confiaient des sommes d'argent considérables n'ont jamais élevé la moindre plainte
contre lui; tandis qu'après sa libération nous
l'avons vu traqué, poursuivi, mourant de faim,
et ne trouvant d'autre moyen, pour se soustraire au tourment de la surveillance, que de
commettre un nouveau crime.

Urbain Lemelle est aujourd'hui au bagne; sa
conduite est satisfaisante, et nous ne craignons
pas de faire des vœux pour que la clémence
royale, dernier refuge du criminel repentant,
rende la liberté à cet intéressant condamné.

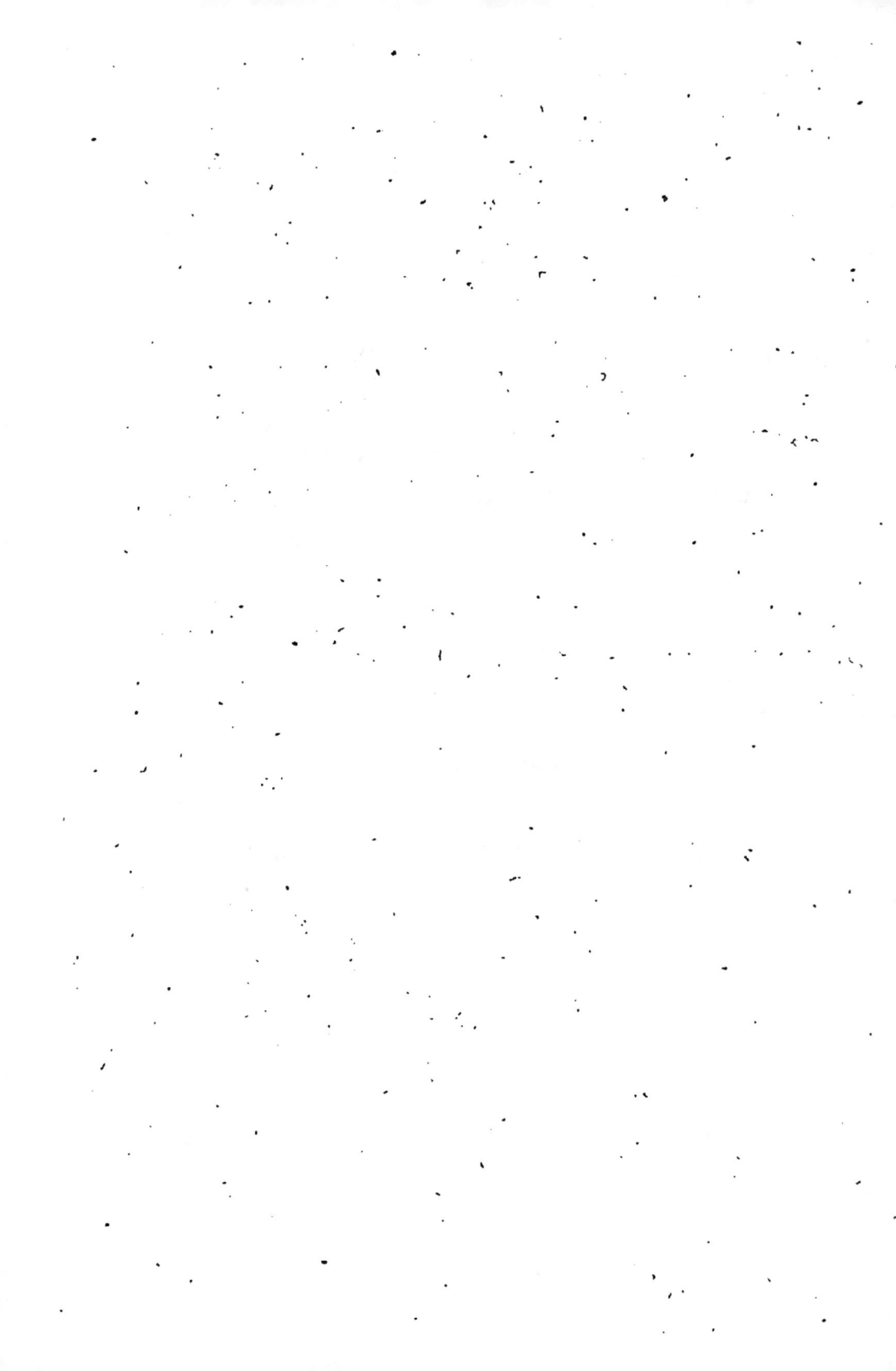

Chapitre Neuvième.

LEMOINE. — GILLARD.

✱

Il est remarquable que presque tous les grands criminels consacrent les derniers instans de leur vie à recommander à l'intérêt des personnes qui les visitent leurs amis ou leurs compagnons d'infortune. A ce terrible passage de la vie à la mort, il semble que le sentiment de leur propre malheur s'efface momentanément

pour faire place à des idées toutes de souvenir.
et de sympathie. L'attirail du supplice qui se
pose devant leurs yeux, le désespoir qui devrait alors envahir toutes les facultés de leur
esprit, laissent pourtant à ces infortunés assez
de calme et de sang-froid pour s'occuper encore
du bonheur et de l'avenir de ceux qui leur sur-
vivront. Cette remarque, que j'avais déjà eu
occasion de faire lors de mes conversations
avec Daumas-Dupin et Roch, qui, presqu'à la
veille de leur exécution, m'avaient prié de ne pas
oublier leurs anciens camarades, se renouvela
dans mon esprit lorsque je visitai Lemoine (1).
Ce criminel, d'ailleurs rempli d'astuce et
de *rouerie*, avait cependant encore quelques
bons sentimens dans l'âme et n'était pas tout-
à-fait indigne de pitié. Jusqu'à son dernier moment, il n'entretint les personnes qui allèrent
le voir, et moi en particulier, que de l'innocence
de Gillard. « On envoie au bagne, répétait-il
» toujours, le plus honnête homme qui soit au
» monde. Gillard est innocent. » La veille de
son exécution, il m'écrivit la lettre dont nous

---

(1) Assassin de la domestique de madame Dupuytren.

Monsieur Appert,

D'après la permission que vous eûtes la bonté de me donner ce matin; j'ai l'honneur de vous transmettre une lettre adressée à Monsieur le Procureur Général.
Je désire Monsieur que vous daigniez en prendre connaissance avant de la lui remettre, ce sera une satisfaction pour moi que vous puissiez connaître le fond de ma pensée.
Je vous le répète Monsieur les hommes m'ont condamné à une mort glorieuse pour moi, mais ils ont méconnu la probité dans Gillard, Si j'avois été dans le cas de commettre un assassinat ou un vol, certes ce n'est pas l'honnête Gillard qui s'y seroit prêté, la pensée me fait horreur, lui qui le premier m'a fait arrêter
Je vous laisse à passer Si c'est là la conduite d'un complice?
Je le connois depuis 15 ans et depuis 15 ans je le jure sur mon sang qui va couler, Gillard est un honnête homme.

Il me reste Monsieur à vous implorer en Sa

faveur quant à moi je ne désire qu'à mourir
le dernier pas qu'on me fait faire sur la terre sera
le premier vers le ciel.

je me considérerai comme heureux si j'ai le bonheur
de vous voir pendant ma longue agonie
ah! Monsieur vous êtes si bon! si humain!

agréez l'assurance du profond respect
avec lequel j'ai l'honneur d'être

Monsieur,

votre reconnaissant serviteur

joignons ici le *fac simile*, et où l'on verra que, loin de me parler de lui, il concentra toutes ses idées sur le pauvre Gillard.

A ce propos, nous ne pouvons nous dispenser d'entrer dans quelques détails sur Gillard. Cet excellent homme, victime d'une erreur des jurés, et bien malheureuse victime, puisque le tort qui lui a été fait est pour ainsi dire irréparable, du moins légalement, a excité l'intérêt général.

A propos de Gillard, combien de questions n'ont-elles pas été soulevées, combien de projets d'amélioration n'ont-ils pas été formés pour remplir une prétendue lacune du Code, et réparer le mal affreux que peut faire involontairement la justice ?

Nous, remplis du plus profond intérêt pour cet infortuné, nous qui nous sommes fait un devoir de lui donner non seulement notre estime, mais notre amitié, nous avons, plus que personne, débattu en nous-même cette question si délicate et dont la solution intéressait si particulièrement Gillard. Nous n'avions pas besoin, pour nous poser sur le terrain de la véritable discussion, d'inventer des faits ima-

ginaires et de nous créer des êtres à qui nous
aurions prêté une vertu et un mérite égaux à
la persécution dont ils auraient été victimes.
L'événement n'était que trop présent à nos
yeux , la victime que trop vraie , que trop
réelle ; car, nous le disons hautement , Gillard
est complètement innocent, et la grâce dont
il a été l'objet (ce mot est un supplice pour le
malheureux qui a été injustement condamné),
cette grâce a rendu à la société un homme que
sa probité met en quelque sorte au-dessus
d'elle , tant elle est pure et sans tache.

Eh bien ! tout disposé que nous sommes à
flétrir l'abus d'une justice dont la trace *légale*
est pour ainsi dire inévitable, nous ne pouvons
cependant nous prononcer. Si notre cœur est
porté à déplorer la faillibilité de la loi, notre
raison nous dit que peut-être il nous *faut* la
subir, malgré les maux qu'elle peut entraîner.

En effet, si une cour suprême avait le droit
de casser au fond le verdict moral des jurés,
comme elle a celui d'annuler le jugement pour
défaut de forme, où s'arrêterait un pareil mode
de procédure? qui pourrait assigner une in-
faillibilité sacrée à une cour toute composée

d'hommes, c'est-à-dire à une cour aussi récu-
sable que celle dont elle aurait à juger les actes?
Si l'une s'est trompée, qui préservera l'autre
de l'erreur? Il n'y a là rien à répondre. La justice, si belle et si honorable dans sa mission,
peut quelquefois se fourvoyer : son glaive ai-
guisé pour le châtiment des coupables a quelquefois servi au meurtre des innocens... Qu'y
faire?.... Rien, peut-être! et pourtant cette idée
fait mal.

Oui, Gillard a failli être déshonoré; on a été
à la veille de l'attacher à la chaîne des galériens
pour le conduire au bagne !! Mieux, sans doute,
lui aurait valu la mort, mais Dieu n'a pas permis que l'injustice pût s'accomplir, et, grâce à
lui, l'innocence a été reconnue.

Le pauvre Gillard a le défaut d'être trop bon.
C'est ce qui l'a perdu dans l'esprit des jurés.
Incapable de croire à un crime, trop simple et
trop confiant surtout, pour en supposer un à
Lemoine, dans l'intimité duquel il avait vécu,
et qu'il appelait fort respectueusement *M. Lemoine*, il eut la maladroite bonhomie d'abandonner sa défense propre pour entreprendre
la justification de son co-accusé. Cette impru-

dence empêcha le triomphe de la belle plai-
doirie de Me Bethmont, qui s'était chargé de
sa défense avec le désintéressement dont ce
jeune avocat a donné de si nobles et si fréquentes preuves. Ce qui était conviction erro-
née chez lui, mais conviction intime, n'aboutit
qu'à persuader entièrement les juges de la com-
plicité de Gillard. C'est d'après la tournure que
prirent les débats, d'après les inductions que
l'on tira des réponses et des paroles des accusés, que le verdict fut rendu : on ne peut le
nier, il le fut consciencieusement, il s'appuyait
sur des probabilités, et les probabilités sont
malheureusement dans ces sortes d'affaires les
seuls guides d'un jury.

Gillard, victime d'une fatale erreur, allait
expier dans une longue captivité un crime imaginaire, lorsque la Providence est accourue à
son aide. Grâces lui soient rendues, et pour
Gillard qui a recouvré sa liberté, et pour les
hommes qu'elle est venue éclairer assez à temps
pour empêcher l'accomplissement d'une déplorable injustice !

Quant à Lemoine, que je visitai quelques
jours avant sa mort, il fit preuve d'une abné-

gation inouïe, inconcevable. Loin de me prier de m'employer pour lui auprès du ministre de la justice, il a toujours répondu aux marques d'intérêt qu'il était en mon pouvoir de lui donner, en me remettant devant les yeux l'innocence de son co-accusé. En vain je l'engageai à faire ses efforts pour obtenir sa grâce, en vain je l'assurai de mon concours dans cette circonstance, il ne voulut point me parler de lui-même : sa position était ce qui l'occupait le moins.

Il n'y avait aussi qu'une voix parmi tous les détenus, tous disaient : « Qu'on emmène Gillard, il est trop honnête homme pour rester en pareille compagnie. » Des sollicitations si pressantes, et surtout si désintéressées de la part de Lemoine et des autres condamnés alors renfermés à Bicêtre, étaient à la fois un témoignage de bonté native dans le cœur de ces criminels et une preuve éclatante de la supériorité de l'innocent sur le coupable, de la vertu sur le vice. M. Becquerel en fut le premier frappé, et cette unanimité si spontanée en faveur du malheureux Gillard fut une des causes principales qui amenèrent son élargissement et la reconnaissance de sa non-culpabilité.

Lemoine a subi le châtiment prononcé par la loi.

Maintenant Gillard est libre, mais il souffre cependant chaque jour des conséquences de sa condamnation. La société ne peut donc se contenter de la pureté morale! il faut donc à son exigence une sorte de pureté matérielle, dût-elle servir d'enveloppe à des vices cachés et inconnus? Ne suffit-il pas d'être innocent, et le malheur d'une condamnation injuste peut-il laisser sur le front de l'homme irréprochable une trace semblable à celle du crime?

Si des secours répandus par une auguste bienfaisance sur le pauvre Gillard ne l'eussent soutenu jusqu'à ce jour, à quoi eût-il été réduit? à mendier son pain peut-être! Oh! certes, les raisonnemens ont beau faire, les réflexions amères ne manquent point devant un pareil état de choses, et l'on ne peut s'empêcher en même temps de songer aux angoisses et à l'embarras cruel d'un jury dont les armes sont réputées infaillibles, et dont un instant d'erreur peut décider d'une manière si terrible de toute l'existence d'un homme, même innocent.

Chapitre Dixième.

---·•••·---

DÉPART DE LA CHAINE.

✻

Le départ de la chaîne est, dans la vie des
condamnés, l'époque la plus fertile en émotions
poignantes et douloureuses. Outre la souffrance
physique qui les attend et qu'ils ne peuvent en-
visager sans frémir, ils ont à subir toutes les
angoisses qu'accompagne la perte d'une dernière
lueur d'espoir. Car l'espoir existe encore à Bi-

cêtre. Tous les prisonniers n'ont pas fait, avec le crime et ses terribles conséquences, un pacte indissoluble, et, s'il en est beaucoup qui se sont, pour ainsi dire, familiarisés avec l'esclavage et identifiés avec leurs chaînes, on peut encore découvrir, chez plusieurs d'entre eux, quelques restes de sensibilité, quelques vestiges de l'âme humaine. Là, sont tracées, chaque jour, des demandes en grâce dont on espère le résultat. Pour quelques uns, il est favorable; quant aux autres, c'est le plus grand nombre, ils doivent faire le voyage de Rochefort, de Brest ou de Toulon. Le jour du ferrement de la chaîne, que de calculs trompés, que de projets avortés, que d'illusions détruites! A Bicêtre, il y avait du moins de l'air à respirer et de la liberté en perspective. Dès le jour du départ, plus rien; rien qu'une barrière affreuse, insurmontable, posée entre le condamné et le monde, et qui va grandir à chaque pas que fera la fatale voiture en approchant du bagne.

C'est en ce moment que l'espérance d'un meilleur sort s'éloigne dans un avenir presque imaginaire. Il faut, en quittant Bicêtre, renoncer à la vie triste mais sédentaire de la prison, pour entreprendre un voyage qui sera l'objet de la curiosité des habitans des villes ou villages qui se trouveront sur la route. Il arrive souvent qu'un forçat passe dans le hameau où il a reçu le jour, où ses parens le conjurèrent d'être toujours honnête homme. Il revoit, hélas! trop tard, les lieux de sa tranquillité primitive : quelle triste impression sur son âme, si son père ou sa mère, son frère ou sa sœur, sont parmi les curieux attirés par ce passage! il est reconnu, déshonoré à jamais, et sa famille, quoique honnête, ne peut échapper au triste préjugé que laisse trop souvent une telle condamnation.

Lorsque l'heure d'être enchaîné est arrivée, on fait descendre dans la cour les condamnés à perpétuité; ils sont placés en rang au nombre de vingt-six, puis une armée d'agens de police et autres, chargés de la conduite, passent devant eux pour les fixer tour à tour. Un monceau de chaînes et de colliers en fer sont disposés, ainsi que des habits de toile grise : tous ces malheureux se déshabillent librement pour endosser le fatal uniforme; ils marchent ensuite sur un rang, et viennent s'asseoir en s'alignant dans un des coins de la cour. Là des outils sont préparés, et plusieurs agens prennent un collier de fer; après l'avoir essayé au crâne du condamné, il est ouvert et refermé; un gros clou posé sur une enclume est frappé à grands coups pour river ce collier; les chaînes sont fort lourdes, et disposées de manière à former un attelage d'hommes placés deux à deux.

Le vieux criminel comme le jeune condamné, l'assassin comme le faussaire, marchent de front, et aucune différence n'est faite entre les motifs des condamnations et la moralité des condamnés. Ainsi tout devient également ignominieux, tout est confondu dans le même esclavage; la chaîne de l'un est celle de l'autre; enfin une égalité parfaite confond tous les galériens. Cependant quelquefois une pauvre mère apportera un habit à son fils; une sœur fera remettre un petit paquet de linge à son frère: alors seulement ce forçat différera un peu des autres.

Mais ce qui est bien affligeant, et digne du plus vif regret, c'est de remarquer l'espèce de mérite que ces hommes accordent à celui qui montre le plus d'effronterie: des cris dégoûtans, des rires, des conversations horribles, répondent aux coups de marteaux qui sont l'exécution de l'arrêt. Aucun sentiment de honte ne se manifeste; le silence même est regardé comme de la lâcheté, et, pour recevoir des applaudissemens, il faut hurler le plus fort, et afficher le dévergondage le plus immoral et le plus criminel.

La douleur que fait naître une semblable description ne peut égaler celle qu'on éprouve en voyant cette réunion de criminels qui se pressent pour jouir plus tôt de leur infamie; la gaieté des agens et des galériens n'offre pas de différence; elle frappe le cœur d'étonnement et de peine.

On ne peut s'empêcher de gémir sur le sort de ces malheureux, d'éprouver un sentiment intérieur de compassion; car les vices de l'homme ne changent pas sa nature; ils l'avilissent, mais il reste toujours cet extérieur qui nous dit qu'il est notre frère.

Cependant, au milieu de la pitié dont on ne peut se défendre devant un pareil spectacle, une autre émotion la domine et parvient quelquefois à l'étouffer : c'est le dégoût. Vu à quel-

que distance, cet horrible tableau déchire l'âme
et la fait pleurer : vu de près, il navre le cœur
et dessèche les larmes. Les traits de la plupart
des condamnés sont absolument insignifians ;
leur physionomie, loin d'offrir des signes d'abattement ou de repentir, semble affecter de prendre un masque de cynisme et de bravade. On
rougit de les voir si avilis, et cette honte que
l'on a pour eux, ils ne paraissent pas la comprendre. Ils ont, en général, l'air peu soucieux de leur position ; ils acceptent, avec un
sourire de satisfaction stupide, le camarade que
la chaîne vient de leur imposer, et lient avec
lui une conversation où il faut nécessairement
que les deux esprits descendent au niveau l'un
de l'autre. Que l'un d'eux ait l'âme gangrénée,
et que l'autre porte encore en lui des germes de
bien, ils seront bientôt détruits par les conversations et les conseils du premier qui est le plus
hardi et le plus criminel. C'est le contact de
la peste qui vicie et infecte tout ce que son
haleine effleure.

L'image que présente le ferrement de la
chaîne est donc surtout celle d'une parfaite insensibilité : encore si cette insensibilité appa-

rente dénotait un désespoir caché, si, sous ce manteau d'audace et de révoltante effronterie, on pouvait deviner le repentir ou du moins le regret de la vie passée! Mais non! Le plus grand nombre sent moins l'horreur de sa position que cette foule indifférente et curieuse qui, elle, ne peut être témoin insensible d'une scène aussi dégradante pour notre espèce.

Une remarque qu'ont faite toutes les personnes qui ont vu le ferrement de la chaîne est confirmée chaque fois que se renouvelle cette hideuse cérémonie. C'est à propos des jeunes condamnés de seize à vingt ou vingt-deux ans. On s'attend à rencontrer, chez des coupables de cet âge, des traces de repentir sincère ou du moins quelque reste de pudeur. Point du tout : chez ces adultes, il y a plus que de l'insouciance et moins que du cynisme. C'est un mélange d'étourderie et de stupidité. La plupart ont l'air hébété ou idiot. Ils se laissent mettre tranquillement la chaîne au cou, sans faire paraître la moindre douleur, et, dans ces âmes à la fois jeunes dans la vie et vieilles dans le mal, on dirait qu'il n'y a plus ni sentiment humain, ni souvenir de famille. A cet odieux aspect, une

sorte d'indignation envahit le cœur, et souvent
la compassion n'y peut plus trouver place.

Cependant, empressons-nous de le reconnaître, il existe des exceptions, et quelquefois
une scène consolante vient jeter une lueur plus
douce sur le fond de ce triste tableau. C'est ce
qui est arrivé, il y a quelque temps, à Bicêtre,
lors du départ des forçats.

Au milieu de ces hommes éhontés qui semblaient se rire du châtiment qui leur était infligé,
et s'inquiéter fort peu de l'avenir, je remarquai
un jeune militaire dont la figure triste contras-
tait singulièrement avec celles de ses effrontés
compagnons. Cet homme, nommé Étienne Bligny, coupable de voies de fait envers un auber-
giste auquel il avait laissé ses effets militaires
en paiement, avait été pour le dernier fait
condamné à deux ans de fers. Le petit nombre
des spectateurs qui assistaient à cette pénible
cérémonie fut ému des larmes de ce malheureux. Je ne pus résister à l'intérêt qu'il m'avait
inspiré, et je me joignis à plusieurs autres personnes pour demander qu'on le délivrât de ses
fers. Après quelques difficultés, on m'accorda
enfin ce que je sollicitais pour Bligny, et le fa-

tal collier lui fut ôté à la grande stupéfaction
de ses camarades, qui, un instant auparavant,
semblaient prendre plaisir à le railler sur sa
tristesse. Mais tout-à-coup un changement subit
s'opéra dans leurs esprits, et Étienne Bligny
fut réinstallé dans sa prison aux applaudissemens
des forçats eux-mêmes.

En somme, ce qui frappe le plus l'observateur,
dans ses visites à Bicêtre, lors du
ferrement de la chaîne, est cet assemblage de
physionomies tout imprégnées de sottise et
de stupidité; c'est cette espèce d'indifférence
apparente en face d'un malheur affreux, irréparable,
et dont ces infortunés ne cherchent pas
à sonder la profondeur. Or, quelle est la pensée
que développe un pareil spectacle? quel est le
sentiment le plus profond qui résulte de son
examen? C'est une conviction intime et raisonnée,
que l'ignorance est l'unique source de la
perversité. Répandez le plus possible les lumières
et l'instruction dans le peuple, et il résistera
plus aisément aux tentations d'une mauvaise
nature ou aux suggestions perfides du vice
adroit et rusé.

Il faut avouer aussi que le moment du départ de la chaîne est le moins favorable pour donner une idée exacte des détenus. Ce jour-là, la réunion est composée, pour ainsi dire, de la *lie* des condamnés. La plupart sont déjà repris de justice et faits à la vie des bagnes; d'autres, quoique très jeunes, et seulement à leur premier voyage, ont déjà passé plusieurs années dans les maisons de correction. Il ne faut donc pas les juger d'après ce qu'ils sont à l'instant où on les voit, mais bien avoir égard à des antécédens dont ils n'ont pu recueillir que des germes de dévergondage et de démoralisation.

Cependant, après avoir assigné une si large part au mal, faisons celle du bien. Cet aspect repoussant n'a pas pour cause unique l'immoralité profonde des condamnés. Il faut en même temps reconnaître qu'il n'y a, dans cette manière d'attacher des hommes deux à deux, rien de bien propre à édifier leur âme ni à les rendre plus résignés. Il est difficile de se faire une idée des dégoûts et des humiliations dont on abreuve ces malheureux. Aucune consolation ne leur est donnée; soumis quelquefois à l'inspection la plus tracassière, aux quolibets et aux sarcasmes les plus repoussans de leurs conducteurs; je le demande, est-ce par ce moyen qu'on peut espérer de ranimer le peu de sentimens qui leur reste ?

Sans doute le crime a besoin d'une punition sévère, mais la sévérité n'est pas incompatible avec les égards; et faut-il abandonner le coupable à son désespoir? faut-il le laisser s'endurcir par les propos ou l'exemple de quelques compagnons incorrigibles? ne doit-on pas plutôt porter au cœur de ce malheureux un baume salutaire, lui faire sentir l'énormité de sa faute et l'espoir d'une récompense future si sa conduite devient meilleure? Grâces soient donc rendues au vénérable pasteur qui, lors du départ de la chaîne, dans un discours plein d'onction et de douceur, fait un moment oublier à ces infortunés les outrages dont on vient de les accabler en rivant leurs fers. Les pleurs versés par plusieurs suffiraient pour convaincre que quelques uns ne sont pas tout-à-fait perdus et qu'on pourrait encore les ramener à la vertu. Mais, au lieu de suivre un si touchant exemple, on les traite comme des bêtes féroces, on considère les charrettes sur lesquelles ils sont transportés comme des ménageries ambulantes destinées à satisfaire la curiosité des habitans des villes que l'on traverse. Il faut que, par les temps les plus rigoureux, ils se déshabillent en plein air, au milieu des champs, à la vue d'une populace avide; qu'ils subissent l'examen le plus indécent, et qu'ils exécutent les évolutions les plus avilissantes; et tout cela se fait avec sang-froid. On n'a pas seulement eu la pudeur et la pitié d'établir sur la route assez de lieux de dépôt; on se contente de louer des étables et les animaux domestiques sont remplacés par des hommes.

Comment veut-on relever le moral de ces misérables? quelle espérance peuvent-ils entrevoir au sortir des bagnes? Le titre seul de forçat libéré inscrit sur leurs passeports; le souvenir du spectacle qui s'est offert aux yeux des citoyens lors du passage de la chaîne; ne sont-ce pas autant de motifs pour décourager ces condamnés? Privés de secours et de travail, ne sont-ils pas souvent, malgré eux, entraînés à de nouveaux crimes, et des peines perpétuelles et inévitables ne sont-elles pas toujours la triste perspective d'un pareil abandon? Aussi combien de jeunes gens que des institutions plus

humaines auraient pu ramener à la vertu, et
qui repartent pour les bagnes et cela pour le
reste de leur vie !

Nous développerons à cet égard notre opinion personnelle d'une manière plus précise
et plus complète dans un article spécialement
consacré aux bagnes et à la peine des travaux
forcés. Nous dirons alors ce que nos observations nous ont suggéré à propos de cette partie
de la législation criminelle en France.

Dans cette légère esquisse du ferrement et
du départ d'une chaîne, ce n'est pas une question que nous avons voulu soulever, ce sont
des sensations que nous avons rapportées. Elles
étaient tristes comme le sujet qui les a inspirées.

Mais découvrir une plaie sans proposer un
remède pour la guérir, serait un acte aussi de-
nué de sens que d'utilité : c'est pourquoi nous
expliquerons comment il serait possible, à notre
avis, de faire disparaître des abus si repoussans,
et nous indiquerons les moyens qui, après une
mûre réflexion, nous ont paru les plus propres
à détruire le mal jusque dans sa racine.

Chapitre Onzième.

———◆———

LES DIRECTEURS.

✽

Nous ne croyons pas devoir terminer ce rapide examen de la maison de Bicêtre et de ses habitans, sans rendre justice aux améliorations sensibles dont elle a été l'objet. Espérons que la prison qui va la remplacer présentera les mêmes avantages sans en conserver les abus. Au

reste, la première condition de progrès et de
bien, dans un semblable établissement, repose
moins dans la disposition des localités que dans
le choix d'un habile directeur. Or, à cet égard,
Bicêtre ne laisse rien à désirer. M. Becquerel,
homme rempli d'instruction et professant une
philantropie sage et mesurée, a su établir des
rapports utiles et sûrs entre lui et tous ceux qui
l'entourent. Il a des mots de consolation pour
soutenir le désespoir, des paroles sévères pour
les délinquans, et une règle de justice exacte et
égale pour tous. Plus d'une fois, on a dû, à sa
pénétration, des découvertes importantes, et
son œil sait distinguer en peu de temps le vrai
du faux, l'hypocrisie du repentir, l'innocent du
criminel.

Le premier, il a conçu et élevé des doutes
sur la culpabilité du malheureux Gillard, et ses
nombreuses démarches n'ont pas peu contri-
bué à attirer sur cet infortuné la bienveillante
attention de M. le ministre de la justice. Heureuse l'administration qui n'aurait que des
représentans semblables à M. Becquerel. L'ignorance et les petites passions n'usurperaient pas
la place de la charité et de l'humanité; ces

qualités si nécessaires dans les tristes séjours du crime et qui seules peuvent y faire germer le repentir. La présence d'un bon directeur de prison est le seul mobile qui puisse exercer sur le moral des détenus une influence active, puissante et de tous les instans. Par ses soins, le matériel est également mieux conduit et mieux administré; l'ordre règne dans toutes les parties du service; le régime alimentaire et la discipline intérieure sont soumis à une exploration scrupuleuse qu'il est toujours le premier à provoquer.

Enfin, d'une prison aussi malsaine pour le corps que pernicieuse pour le moral, un bon directeur peut faire une maison de correction tolérable, une retraite propre à la pénitence et où l'homme criminel viendra méditer sur sa vie passée et diriger ses projets vers un meilleur avenir. Car le prisonnier ne s'habitue pas aussi promptement qu'on pourrait le supposer, à son nouveau genre de vie, et à cette exclusion sociale qu'il doit à ses crimes. Le regret enfante l'espoir, et ses yeux sont incessamment tournés vers le jour qui doit éclairer sa délivrance.

Chez lui, le premier mobile du retour au bien

est l'espoir de la liberté, et si dans le fond des cachots il est des hommes dont le sentiment est complètement éteint, et qui ne désirent cette liberté que pour se livrer de nouveau à leurs penchans criminels, il en est aussi, et ceux-là sont en majorité, qui maudissent leur perversité passée, et qui voudraient, par une conduite exemplaire, faire oublier les fautes qu'ils ont commises.

Certes, ces émotions, ces sentimens se rencontrent dans les malheureux qui gémissent dans les prisons, et souvent c'est un germe qui dépérit en eux faute de pouvoir le cultiver.

En effet, supposons qu'un jeune homme, éloigné de sa famille, et égaré par de mauvais conseils, soit arrêté à Paris et condamné à une longue captivité. Ce prisonnier, dont le cœur n'est point corrompu, a réfléchi sur sa conduite, et, se livrant à de douces illusions, il s'est promis de revenir à la vertu. Le temps de sa détention n'a pas été perdu pour lui, et dans sa morne retraite il a songé à sa mère, à ses amis... en un mot, tout son désir est d'être honnête homme. Mais il est nu, privé d'argent, de toute espèce de secours, et ne vit chaque jour que de la mesquine pitance de la prison. Tout-à-coup, et au moment où il s'y attend le moins, il apprend que l'on va briser ses chaînes; alors, que de mouvemens se succèdent dans son cœur, que d'émotions n'éprouve-t-il pas au moment de voir se réaliser toutes ses espérances!

On le rend à la liberté, les premiers élans de son âme sont pour ses parens, pour ce qu'il a de plus cher au monde : il peut à peine croire à son bonheur.

Mais hélas! cet élan une fois apaisé, il pense plus froidement; l'illusion s'évanouit, et la liberté dont la seule idée venait de faire battre si doucement son cœur, se présente à lui comme une nouvelle source de maux. Il est presque tenté d'aller demander au geôlier, comme une faveur, de prendre encore une fois sa part de la chétive ration du prisonnier.

Sans asile, sans nourriture, il me semble le voir errant à l'aventure dans les rues de Paris et se livrant intérieurement un combat pour persister dans la voie du bien qu'il s'était promis de suivre lorsqu'il était dans les fers.

Enfin, après avoir parcouru sans but fixe les divers quartiers de la capitale en formant va-

guement encore des projets coupables, la faim
le presse, et aussitôt sont rompus les derniers
liens qui l'éloignaient du vice.

Le besoin l'aveugle; un seul instant vient
de détruire tous ses rêves de bonheur. Il s'est
rappelé les leçons de ses anciens maîtres de
débauche et de corruption; il a commis un vol
pour ne pas mourir de faim!... Alors une fois
rentré dans la carrière honteuse qu'il maudis-
sait quelques heures auparavant, il ne s'arrêtera
que quand la porte d'une prison se refermera
de nouveau sur lui!

Ce malheureux était-il perdu sans ressource?
était-il incorrigible? Non sans doute, il avait
encore un cœur facile à émouvoir; au fond il
n'était pas vicieux. Mais, qu'il est aisé de parler de vertu et de probité quand on a de quoi
se suffire, et qu'il est difficile de rester honnête
homme quand on meurt de faim!.

Il y aurait peut-être moyen de faire cesser,
au moins en partie, ce déplorable état de choses.
Ne pourrait-on pas se cotiser pour donner aux
directeurs de chaque maison de détention une
certaine somme dont ils disposeraient en faveur
des détenus qu'ils en jugeraient dignes à leur

sortie de prison? Certes, en quittant leurs chaînes, un grand nombre de ces infortunés devraient à ces secours le bonheur de revenir au bien.

Je ne veux point prétendre que tous en feraient bon usage. Il est des hommes chez qui le vol est un besoin. Mais, parce qu'il est des êtres qui ne méritent pas notre intérêt, est-ce une raison pour abandonner ceux dont les dispositions connues seraient les gages d'une bonne conduite? Ce que nous proposons ici a autrefois été l'objet des soins du comité des prisons, qui a secouru ainsi un assez grand nombre de détenus; mais le but que l'on s'était proposé aurait, je crois, été mieux rempli si les travaux du comité eussent été partagés par les directeurs des prisons.

Ces derniers, en effet, étant continuellement en rapport avec les prisonniers, savent mieux que personne à quoi s'en tenir sur l'esprit de chacun d'eux, et sont par conséquent également à même de distribuer sagement les fonds confiés à leur charité éclairée.

Ce serait encore là, on le voit, une des attributions les plus importantes des directeurs de prisons.

Or, pour bien remplir un semblable emploi, et pour en assumer volontairement toute la responsabilité, il faut, pour ainsi dire, une *vocation*. N'y sera pas bien placé qui voudra. Un directeur de prison est avant tout un homme qui a des devoirs à accomplir, moins envers l'administration qui le paie, qu'envers sa conscience qui le dirige. Il faut qu'il se pénètre de cette vérité : qu'il doit être le père, non le despote du coupable soumis à sa garde ; que sa mission est une mission de charité, et non de vengeance.

Une fois que la loi a prononcé, il faut qu'il se fasse médiateur entre cette loi et celui qu'elle a frappé. Impartial et surtout compatissant, il doit se partager également entre les obligations que lui dictent la société, qui veut que justice soit faite, et l'humanité qui réclame la pitié pour le prisonnier, quelque criminel qu'il puisse être.

Nous insistons vivement sur ce point, parce que trop souvent une négligence dangereuse a présidé aux choix qui se sont faits dans cette branche de l'administration. A part quelques exceptions, ces directions, si importantes à notre avis, sont confiées à des hommes sans capacité, qui, loin de prendre à cœur les obligations d'une charge qu'ils pourraient rendre si utile, craindraient de ne pas se renfermer strictement dans les devoirs matériels exigés par le règlement de la maison. Ces hommes-là n'ont du directeur que le nom, et leur influence ne peut devenir que pernicieuse par cela même qu'elle est négative. Autant nous reconnaissons les salutaires effets des conseils paternels et des douces exhortations d'un aumônier, autant nous estimons nécessaire l'activité du directeur de la prison, appliquée à l'amendement et à l'amélioration des détenus. Envoyé spirituel, l'un vient chaque jour comme un ange consolateur raviver le criminel par la prière et lui servir d'interprète auprès de Dieu : envoyé temporel, l'autre doit se poser en intermédiaire entre le monde et lui, pour aider son repentir et le rendre à la société meilleur qu'il ne l'a reçu.

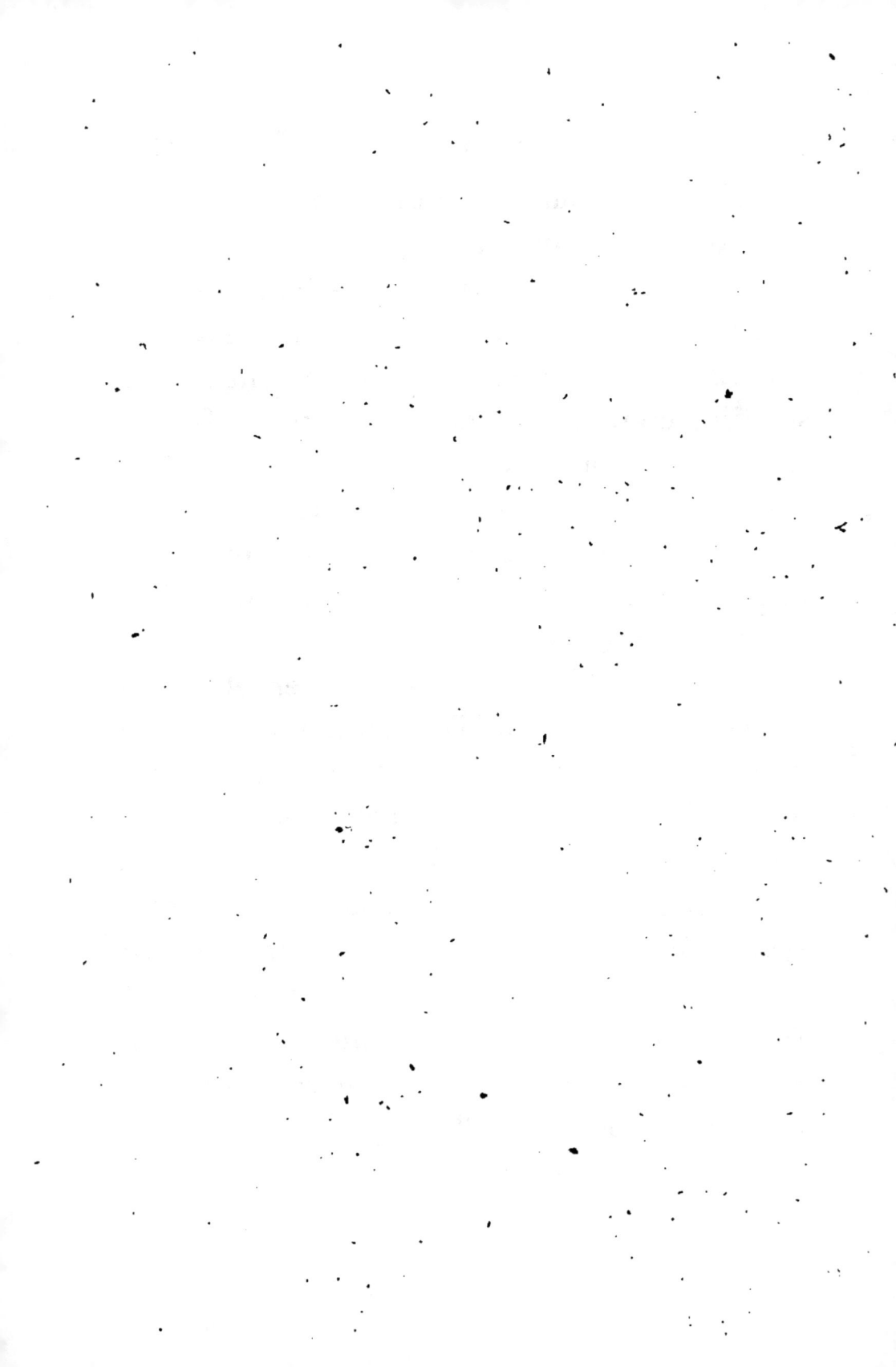

Chapitre Douzième.

SAINTE-PÉLAGIE.

*

Depuis plusieurs années différentes améliorations ont été introduites dans la maison de Sainte-Pélagie. Autrefois les *condamnés* et les *détenus pour dettes* se trouvaient réunis. On a remédié à cet inconvénient, et la division de ces deux espèces de prisonniers, dont on s'était déjà occupé efficacement, est aujourd'hui on

ne peut plus satisfaisante, grâce à l'établissement de la succursale de la rue de Clichy.

Sainte-Pélagie n'est pourtant pas à l'abri de
reproches : les cours, seul endroit où les détenus puissent se promener, sont étroites et humides : aussi, pendant un quart de l'année,
sont-ils obligés de se priver d'exercice et d'air.
Les corridors sont en général peu aérés et malsains : le premier étage de la maison est si humide que beaucoup de malheureux en sortent
avec des douleurs et de graves maladies.

L'idée la plus pénible que réveille le mot de
Sainte-Pélagie, est sans contredit l'infortune
des détenus pour dettes, cette classe d'hommes
qui doit plus souvent la privation de la liberté
au malheur qu'à des actes répréhensibles ou
criminels.

La contrainte par corps a occupé sérieuse-
ment des jurisconsultes et des philantropes du
plus haut mérite. Cette question, encore en
litige, est une de celles qui touchent à la fois
les intérêts des particuliers et ceux de la morale
tout entière. Mêlons notre voix aux voix de ces
hommes distingués, et, à défaut de talent, nous
nous appuierons avec confiance sur la sincérité
de notre conviction.

La contrainte par corps, qui peut être considérée comme une longue torture, remonte au quinzième siècle. L'exécution en fut réglée par une ordonnance de 1673 ; mais alors les sentences par corps étaient facultatives aux juges. Elles ne frappaient ordinairement que des hommes tarés, et exclusivement des commerçans de profession et pour des dépôts réels d'argent, en conformité de l'art. 1er du titre VII de l'ordonnance précitée, qui s'exprime ainsi : « Que ceux qui auront signé des lettres de change *pourront* être contraints par corps. » Le mot *pourront* laisse à la prudence des juges la faculté de la prononcer.

Il a été jugé, par divers arrêts du parlement de Paris, compilés par les auteurs du *Journal du Palais*, art. 7, page 23, qu'une lettre de change, donnée par un particulier qui ne se mêle ni de trafic, ni de banque, ne le soumet pas à la contrainte par corps, qui n'a lieu, qu'à l'égard des banquiers et marchands ; que les motifs de ces arrêts sont que l'ordonnance n'a entendu comprendre dans sa disposition que les marchands et banquiers, parce qu'il n'y a qu'eux qui fassent le commerce de lettres de change ;

et qu'à l'égard des autres personnes, les billets de change ne doivent passer que pour de simples promesses, qui ne sont exigibles que par les voies de droit ordinaires. Ces dispositions sont textuellement confirmées par les art. 112 et 636 du Code de commerce, qui distinguent les particuliers commerçans d'avec ceux non commerçans, et qui s'expriment en ces termes :

« Art. 112. Sont réputées simples promesses toutes lettres de change contenant supposition, soit de noms, soit de qualités, soit de domicile, soit des lieux d'où elles sont tirées, ou dans lesquels elles sont payables. »

« Art 666. Lorsque les lettres de change
» ne seront réputées que de simples promesses,
» aux termes de l'art. 112, ou lorsque les bil-
» lets à ordre ne porteront que des signatures
» d'individus non négocians, n'auront pas pour
» occasion des opérations de commerce, trafic,
» change, banque ou courtage, le tribunal de
» commerce sera tenu de renvoyer au tribunal
» civil, s'il en est requis par le défendeur. »

Les sentences par corps ne pouvaient s'exécuter qu'après avoir rempli des formalités très rigoureuses. A Paris, *le Temple* et *Saint-Jean-de-Latran* étaient des lieux de refuge pour les personnes qui se trouvaient sous le coup d'une pareille sentence. Elles pouvaient y travailler pour nourrir leur famille et s'acquitter; mais aucune exécution forcée ne pouvait les atteindre dans ces asiles. Le domicile d'un citoyen était également inviolable pour l'exécution de la contrainte par corps, tandis qu'aujourd'hui rien n'est respecté par les agens du commerce.

Aucune demeure n'est sacrée pour eux ; ils ne connaissent ni bienséance, ni pudeur, ni pitié. Ils arrachent violemment une jeune épouse du lit conjugal; ils ne craignent d'arrêter ni une femme en couches, ni un vieillard malade dans son lit. Ils le traînent à la prison qui doit lui servir de tombeau ; et cet infortuné, jeté sur un grabat, ne tarde pas à expirer sans consolation et sans secours.

Lorsque M. de Belleyme remplissait les fonctions de préfet de Police, il fit un rapport au conseil royal des prisons, d'où il résultait que, sur 250 prisonniers pour dettes, à Sainte-Pélagie, 17 seulement étaient des marchands malheureux, et que le surplus se composait de personnes étrangères au commerce.

Dans l'affaire d'un ancien capitaine détenu à Sainte-Pélagie, qui fut jugé non négociant, et par conséquent non passible de la contrainte par corps ; M. Lebeau, avocat-général, s'éleva avec force contre les abus de la contrainte par corps, en faisant remarquer que, sur 200 détenus pour dettes, à peine trouverait-on un négociant, mais bien 60 porteurs-d'eau, des charbonniers, des militaires, etc., etc.

Enfin, les individus ainsi faussement qualifiés de commerçans, ne sont point admis à faire faillite ni cession, la Cour de cassation ayant jugé par divers arrêts, notamment par ceux des 15 mai 1815 et 16 mars 1818, qu'un commerçant de profession seul pouvait être admis à faire faillite ou cession, quand même les demandeurs auraient signé des effets de commerce et auraient pris la qualité de négocians. Néanmoins, par une contradiction inexplicable, ils ont été arrêtés et écroués comme tels (et ils le sont journellement encore), contre le texte formel du Code civil, et des art. 112 et 636 du Code de commerce.

En résultat, il demeure constant que la contrainte par corps est *inhumaine*, *inutile au commerce*, *et inique envers les non-négocians*. Depuis long-temps des abus aussi odieux et des absurdités aussi palpables avaient soulevé l'indignation de tous les esprits éclairés ; la contrainte par corps fut abolie par les conseils de l'illustre d'Aguesseau, et rétablie après la guerre de la Succession ; elle fut de nouveau abolie le 9 mars 1793, ét tous les détenus pour dettes, sans aucune exception, furent mis sur-le-champ en liberté. Les législateurs ne firent qu'exécuter la volonté expresse de Louis XVI : mais bientôt la loi sur le *maximum* porta le coup mortel au commerce et à l'industrie ; les capitalistes se trouvèrent ruinés par le remboursement forcé de leurs capitaux en assignats ou autres papiers monnayés réduits à rien ; enfin les rentiers ne furent pas plus épargnés : le tiers-consolidé atteste cette vérité. Mais tant de désastres ne furent pas produits par l'abolition de la contrainte par corps, ainsi que s'efforcent de le faire entendre certains écrivains dans des ouvrages mal conçus, *dédiés aux deux Chambres législatives.*

Les législateurs de l'an VI crurent remédier à ces inconvéniens et pouvoir ranimer la confiance entièrement perdue, en rétablissant la contrainte par corps d'une manière plus cruelle et plus barbare que primitivement; mais un tel moyen ne fit qu'aggraver le mal par les abus les plus graves, inséparables d'une mesure aussi désastreuse dans toutes ses conséquences, puisque, indépendamment de tout ce qu'elle a d'odieux, elle n'aboutit en résultat qu'à paralyser toutes les ressources d'un débiteur pour se libérer.

Maintenant les abus de cette loi inique sont portés au dernier période. N'est-ce pas en effet fouler aux pieds tout principe de justice et tout sentiment d'humanité, que de jeter dans les fers pour cinq ans, en lui enlevant tout ce qu'il possède, un malheureux père de famille, considéré hors du droit commun, puisqu'il ne peut être admis à faire faillite ni cession, et qu'il n'est cependant ni criminel, ni soupçonné de l'être? N'est-ce pas un outrage à la morale publique, un mépris absolu de nos institutions, que de le livrer à la merci d'un misérable usurier, et quelquefois d'une femme coupable, de ses enfans qui tendent à s'affranchir de son autorité, ou d'une famille qui cherche à s'enrichir de ses dépouilles? N'est-ce pas enfin le rendre victime de toutes les œuvres d'iniquité, qui tendent à le faire mourir de chagrin et de misère dans des lieux insalubres, où il ne reçoit que vingt francs par mois à titre d'alimens? Cette somme est à peine suffisante pour payer le loyer du mobilier de la maison, tandis qu'au quinzième siècle les détenus pour dettes recevaient la valeur d'un marc d'argent, qui représente aujourd'hui cinquante-quatre francs.

Le législateur, en rétablissant la contrainte par corps, avait-il bien calculé la funeste influence qu'une longue détention peut exercer sur l'esprit d'un homme ainsi accablé de chagrins? Si la douleur et l'oisiveté qui usent toutes ses forces ne le tuent pas en peu de temps, les distractions qu'il cherche à se donner l'abrutissent, et le rendent impropre aux moindres affaires lorsqu'il rentre dans sa famille.

Il est encore nécessaire d'observer que les tribunaux de commerce sont bien plus rigoureux que les tribunaux criminels; l'exemple en est frappant à Sainte-Pélagie. Un père de famille est incarcéré pour cinq ans, et il peut l'être pour bien plus long-temps encore si son créancier donne main-levée de l'écrou avant l'accomplissement de la cinquième année; il peut le faire reprendre immédiatement après, et recommencer de nouveau cinq ans, etc., etc.; tandis que des individus jugés pour abus de confiance, escroqueries et vols de sommes considérables, sont condamnés à une simple détention de deux mois à deux ans, conformément aux art. 405 et 408 du Code pénal.

Les États-Unis d'Amérique et d'autres États voisins de la France ont aboli la contrainte par corps : la France doit-elle rester en arrière de ces progrès philantropiques et de ce mouvement simultané vers un meilleur ordre social? Mais la Charte, qui consacre les principes de nos libertés, est nécessairement le point de départ de toutes les autres lois; et ce serait une anomalie inconcevable que d'admettre dans un gouvernement libre et constitutionnel une loi qui, sous le faux prétexte de favoriser les intérêts du commerce, donnerait lieu arbitrairement à des attentats journaliers contre la liberté individuelle de tous les citoyens. Il est impossible d'admettre dans notre législation une telle divergence de la Charte, qui en est le type; ou, s'il en était autrement, il serait vrai de dire qu'on n'a pas su comprendre encore ni la Charte, ni la liberté. Si toutefois, par des précautions extrêmes, on ne voulait point renoncer à la rigueur de la contrainte par corps contre les commerçans seulement, cette mesure, même à leur égard, exige d'importantes modifications.

Après cet aperçu incomplet sur la contrainte par corps, et les inconvéniens qu'elle nous semble entraîner après elle, il est bon de faire connaître les idées inspirées à d'estimables détenus dans l'intérieur même de la prison. Il ne faut, en aucun cas, récuser l'avis d'un témoin oculaire, quand bien même on pourrait révoquer en doute son entière impartialité.

Voici ce que m'adressait, il y a quelque temps, une personne recommandable, renfermée pour dettes à Sainte-Pélagie :

« Vous avez visité, monsieur, ce triste séjour, mais la grande misère qui y règne a peut-être échappé à votre attention ; et votre œil pénétrant n'a pu lire dans le cœur de chaque infor-

tuné ; et les tourmens qu'il endure, et ce chagrin intérieur qui le mine. L'homme, père de
famille, dépouillé du peu qu'il avait, voit ses
enfans autour de lui couverts des haillons de
la misère, mourant de faim ; ils crient, ils gémissent, et le malheureux père les entend gémir à son tour, et souffre de ne pouvoir satisfaire à leurs besoins. La femme de l'infortuné
pleure à ses côtés, et lui perce le cœur ; voilà
donc une famille ruinée et réduite à quelque
chose de pire encore que la mendicité.

» D'un autre côté, on voit le simple artisan,
qui n'avait d'autre fortune que le travail de ses
mains, réduit à la plus grande détresse, parce
qu'il ne peut plus travailler.

» Tel est le sort de la majeure partie des êtres
que renferme Sainte-Pélagie ; des pleurs, et
point de pitié ; voilà leur partage.

» Mais tout cela n'est rien, ou du moins c'est
peu de chose auprès des maux plus grands encore qui menacent et foudroient l'infortuné
détenu pour dettes ; jusque là ses souffrances
sont plus physiques que morales : que de chagrins domestiques, que d'amertumes, que de
douleurs, le travaillent et le rongent !

» Quelquefois sa femme, jusqu'alors si sage, si vertueuse, si tendre, se refroidit à son égard ; ses manières ne sont plus les mêmes ; ce ne sont plus des caresses, elle semble lui reprocher son malheur, elle lui en attribue les causes, tandis que c'est pour elle-même, souvent pour subvenir à ses besoins, que le malheureux a signé l'arrêt de sa condamnation. Les visites qu'elle rend à son époux deviennent plus rares et moins longues ; et tout-à-coup elle cesse de venir, et disparaît, laissant son mari sans soutien, sans consolation : un infâme séducteur l'a détournée de ses devoirs ; et cette femme, jadis si aimante, est devenue un être de dépravation. A-t-il une fille, elle s'abandonne à la débauche. A-t-il un fils, ce fils, autrefois soumis et respectueux, n'écoute plus que la violence de ses passions ; il ne connaît plus de frein, il lui manque celui qui seul pouvait les réprimer.

» On a vu, et l'on voit encore, je l'affirme, des mères de famille dépravées s'entendre avec des créanciers pour faire incarcérer leurs époux ; alors libres et sans contrainte, elles se livrent

I.   10

à ceux-là mêmes qui devraient rougir d'être les vils instrumens de leur libertinage.

» Je pourrais, monsieur, vous en citer une foule d'exemples, si ma plume ne se refusait à vous les retracer.; je pourrais aussi vous signaler mille scandales d'un autre genre , mais je m'écarterais trop du but que je me suis proposé.

» Rentrons dans l'intérieur de Sainte-Pélagie.

» On est malheureusement porté dans le monde à mal juger des personnes qui sont ici; on en parle, en général, sinon avec mépris, du moins en termes peu convenables; et cependant je puis vous assurer, monsieur, ainsi que j'ai eu l'honneur de vous le dire à vous-même, que sur 240 détenus pour dettes, il y en a 200 qui meurent de faim; je puis, en outre, vous certifier qu'il n'existe aucune disposition, aucun règlement, qui mettent les prisonniers pour dettes à l'abri des haines, des vengeances, de l'inhumanité de leurs créanciers. Les lois anglaises ont prévu ce cas : il y a des magistrats institués pour venir au secours du faible opprimé; un magistrat se présente pour lui demander l'état de ses affaires ; s'il prouve être dans l'impuissance absolue d'acquitter sa dette, les portes lui sont ouvertes.

» Dans le cas contraire, rien ne peut le soustraire à l'action de son créancier : voilà, je crois, un grand point qui mérite de fixer l'attention ; c'est une lacune qui existe dans les lois sur la contrainte par corps.

» Tels sont, monsieur, les moyens que j'ai cru pouvoir soumettre à votre sagesse et à vos lumières ; persuadé que vous voudrez bien les mûrir et les approfondir, et que vous ne vous refuserez pas d'être notre interprète, je dirai même notre *avocat*, auprès de ceux qui sont chargés par la *nation* de veiller à ses intérêts et à ses libertés. »   V. S.-V.

En cessant de parler des détenus pour dettes, empressons-nous de dire que leur prison actuelle, située rue de Clichy, est admirable sous tous les rapports, et qu'elle réunit les avantages sollicités depuis si long-temps dans le *Journal des prisons* et tant d'autres écrits. Maintenant l'autorité devrait s'occuper des pauvres femmes détenues pour dettes, à Saint-

Lazare ; elles sont dignes de toute sa bienveillance.

La prison de Sainte-Pélagie n'est bien sous
aucun point de vue, et pour la rendre passable
on dépenserait plus qu'il n'en coûterait pour
construire une nouvelle maison. Les détenus
politiques qu'elle renferme aujourd'hui sont
mal logés, et se plaignent avec raison d'être
plusieurs dans une même chambre.

La forme de cette prison, malgré le chemin
de ronde, n'empêche pas les évasions ; et les
28 accusés d'avril qui, en un seul jour, ont
repris leur liberté, attestent que Sainte-Pélagie est bien mal construite, ou ridiculement
surveillée.

Ce n'est pas à cet égard une plainte que nous
exprimons ; heureux les prisonniers qui bri-
sent leurs chaînes ! mais aujourd'hui comme
autrefois, nous demandons pour les détenus
politiques une. *maison spéciale* administrée
d'après un règlement particulier ; et suivant
tous les égards que mérite cette classe de
prisonniers.

Nous développerons les motifs de ce vœu
dans un chapitre spécial.

Chapitre Treizième.

LA CONCIERGERIE.

*

Cette prison, destinée à renfermer les accusés renvoyés devant les cours d'assises, est située au-dessous des bâtimens du Palais-de-Justice, et n'offre aucune régularité dans sa disposition.

Le *Palais-de-Justice*, dont les premières constructions remontent à des temps antérieurs au règne de saint Louis, était ébranlé dans ses murs souterrains, et n'offrait du côté de la rivière que l'aspect d'un monument en ruine. Un de nos architectes les plus habiles, M. Peyre, a été chargé de restaurer ce grand édifice, entreprise toujours difficile quand il s'agit de constructions en sous-œuvre, et lorsque les voûtes et les nervures des arcs sont lézardées, rompues, mutilées, et en partie écroulées. M. Peyre, dont la pensée s'étend au-delà de la partie purement technique de son art, chercha, dans cette restauration de l'ancien palais de Louis IX et de Philippe-le-Bel, les moyens d'utiliser ces vastes localités pour les besoins de la ville de Paris, d'assainir et de rendre moins pénible la triste demeure des prisonniers de la Conciergerie.

Il n'existait point de rapport exact entre l'axe des piliers supérieurs de la grande salle et celui des piliers inférieurs; cette différence, qui était de trente-trois centimètres, faisait déverser, du côté de la cour du Mai, toute la charge des constructions supérieures. C'est ce désaccord entre le plan du rez-de-chaussée et celui du premier étage, qui a causé l'état de

dégradation où se trouvaient les voûtes souterraines et les effets qui s'étaient manifestés dans
les voûtes supérieures de la grande salle ; ces
effets ont entièrement cessé depuis la reprise
en sous-œuvre des voûtes souterraines. La cor-
respondance de l'axe des piliers supérieurs avec
l'axe des piliers inférieurs a été rétablie par des
piliers et des arcs adossés aux anciens arcs-
doubleaux, et en débarrassant le rez-de-chaussée des subdivisions de murs qui produisaient
de l'inégalité dans les tassemens. Cette construction exigeait d'autant plus de soins,
qu'ayant calculé la pesanteur des voûtes supérieures, celle des piliers qui les portent et
des berceaux en briques qui les surmontent,
lesquels contiennent une grande partie des ar-
chives judiciaires, on reconnut que chacun
des piliers inférieurs supportait une charge de
plus de quinze cents milliers. L'architecte a re-
trouvé l'ensemble des constructions faites, dans
cette partie, du temps de saint Louis ; et ce
vaste local, qui ne recevait d'air d'aucun côté,
dans lequel on ne pouvait pénétrer que par
des portes de caves, maintenant aéré, ayant
des issues faciles, offre un magasin utile à la

ville de Paris. Toutes les anciennes parties inférieures du Palais ont été successivement restaurées, dégagées de décombres et disposées pour le service public, à l'exception des cuisines de saint Louis, qui n'ont pas encore reçu de destination précise.

Nous passerons rapidement en revue les travaux exécutés dans l'intervalle qui se trouvait entre la tour de l'Horloge et la grande salle de saint Louis, maintenant cour de cassation; les réparations faites au bâtiment construit sous Louis XIII, et qui est situé vis-à-vis le quai aux Fleurs, et la restauration de la belle grille de la cour du Mai, qui fut élevée sur les dessins de Desmaisons, architecte du roi, et coûta plus de 600,000 fr. Nous sommes pressés d'arriver à des ouvrages d'un plus haut intérêt pour tout homme dont le cœur n'est pas inaccessible à la pitié.

La Conciergerie présentait le spectacle le plus affligeant. Des cachots humides, des pièces privées d'air, où cependant étaient réunis un grand nombre de détenus; des chambres sombres, une cour malsaine, où les combles versaient des eaux pluviales qui dégradaient le pavé; des plafonds menaçant ruine; telle était l'affreuse prison de la Conciergerie. Au dix-neuvième siècle, des hommes qui n'avaient pas connu le servage, y gémissaient sous des murs plus humides que ceux élevés pour les serfs du treizième siècle.

Au fond de la grande salle, sous des voûtes ajoutées à la construction, le génie des services avait fait pratiquer deux rangs de cachots pouvant contenir chacun, sur des lits-de-camp, une cinquantaine de prisonniers. Ces horribles cachots, où le jour ne pouvait pénétrer que par des soupiraux et à travers six rangs de grilles, étaient privés d'air, et les prisonniers ne pouvaient recevoir leur nourriture que par un guichet d'un pied carré. Dans ces réduits infects, qui pouvaient renfermer à la fois quatre cents malheureux, jusqu'au milieu du seizième siècle, les prisonniers malades n'eurent d'autre couche qu'un peu de paille étendue sur la terre froide et humide; on y vit à plusieurs époques éclater des épidémies meurtrières, qui en peu de jours moissonnaient leurs pâles habitans; plusieurs fois les partis y entassèrent leurs victimes; celles du régime de la terreur furent les dernières. M. de Chabrol a profité de la restauration des voûtes du Palais-de-Justice pour ordonner la démolition de ces affreux cachots, et anéantir jusqu'au souvenir des horreurs que leur aspect retraçait à l'imagination effrayée. Cet acte de philantropie suffirait pour lui donner des droits à l'estime de tous les gens de bien et à la reconnaissance des Parisiens.

Les moyens d'assainir la Conciergerie, proposés par M. Peyre, ont été adoptés par l'ancien préfet de la Seine. L'architecte a eu l'heureuse idée de faire servir à la Conciergerie la nouvelle entrée pratiquée dans le bâtiment neuf sur le quai de l'Horloge. Les noirs cachots qui obstruaient la belle salle au-dessous de la cour de cassation, ont fait place à un préau spacieux et commode, près duquel se trouvent le greffe et les salles de dépôt des condamnés. Le parloir des avocats est au fond; en face de l'entrée. A côté, sous des voûtes attenantes à cette première salle, est un second parloir, éclairé, chauffé et distribué en deux parties : l'une pour les personnes qui viennent visiter les prisonniers, l'autre pour les prisonniers eux-mêmes. Une vaste galerie, passant au-dessous

de la salle des Pas-Perdus, sert de communication principale de la Conciergerie des hommes
à celle des femmes : cette galerie est éclairée par
quatre croisées.

Des cellules, ne contenant qu'un seul prisonnier, ont été établies sous les anciens portiques,
à la place des chambres obscures et malsaines.
Chacune de ces cellules, garnie de tablettes et
d'une couchette commode, est éclairée par une
croisée. Elles donnent sur des corridors régnant
dans tout le pourtour de la Conciergerie. On y
entre par des escaliers pratiqués à chaque extré-
mité, et l'air y circule continuellement, les corridors n'étant fermés que par des grilles.

Le milieu de la cour reçoit les eaux du trop-
plein du grand réservoir du Palais-de-Justice ;
elles y forment un jet d'eau et retombent dans
le bassin. Deux gazons entourés d'arbres et de
barrières forment plusieurs divisions pour la
promenade des prisonniers.

Au rez-de-chaussée, des promenoirs vastes
et commodes, au centre desquels sont des tables de pierre, permettent, dans toutes les sai-
sons, l'exercice nécessaire à la santé des prisonniers. Ces tables sont, dit-on, les mêmes sur

lesquelles, à plusieurs époques de l'année, saint Louis distribuait de sa propre main des vivres aux pauvres.

La tour de Bombec, qui servit de cachot à ce Ravaillac dont les jésuites aiguisèrent le poignard parricide, était depuis long-temps abandonnée. Un poêle et des bancs y sont placés, et la salle basse, maintenant bien aérée, carrelée en pierre, et donnant sur une espèce de vestibule, est convertie en chauffoir pour la mauvaise saison.

Totalement séparée de la Conciergerie des hommes, celle des femmes sera également divisée en cellules. Un gazon entouré de barrières existe au milieu de la cour; une fontaine est placée sur la droite; et à gauche de la grande galerie se trouve l'entrée principale.

Pendant long-temps la plus grande partie des travaux faits aux monumens publics n'eurent pour but que leur embellissement. Dans ceux exécutés par M. Peyre au Palais-de-Justice, la conservation d'un monument d'autant plus précieux qu'il se compose de l'architecture de toutes les époques, depuis le règne du roi Robert jusqu'à nos jours, n'a été qu'un objet secondaire; l'utilité publique, l'amour de l'humanité, en ont inspiré la première pensée et ont présidé à leur exécution. Elles en appellent de semblables dans tous les départemens et dans presque toutes les villes; un grand nombre de prisons tombent en ruines; la plupart sont étroites et malsaines; dans plusieurs les aliénés sont renfermés avec les criminels.

Il y a quelques années, M. Mahul publia un écrit concernant les prisons de Paris, et notamment la Conciergerie et la Force (1). Nous en donnons un extrait : on y remarquera une peinture animée et fidèle des localités, et un grand nombre d'idées philantropiques et sages dont la pratique serait on ne peut plus favorable à l'amélioration du sort des pauvres détenus.

. . . .

Le sol de la Conciergerie est situé au niveau et même un peu au-dessous de celui de la rivière, par conséquent de plusieurs pieds au-dessous de celui des quais et rues de Paris. Il est moins

(1) M. Mahul, détenu politique à la Conciergerie pendant quelque temps, a fait ces intéressantes remarques dans l'intérêt des prisonniers.

humide que cette circonstance ne pourrait le
faire craindre, grâce aux caves et souterrains en
pierre, aujourd'hui bouchés ou comblés, qui
sont pratiqués encore au-dessous. Les cachots
construits au pied des tours et au niveau de la
rivière sont extrêmement humides et malsains,
mais à peu près hors d'usage. Une cour de construction assez moderne sert à renfermer les
femmes, qui y sont entièrement séparées des
hommes. L'infirmerie est sombre et mal aérée.
Quelques chambres particulières, qui ne s'obtiennent que par faveur, sont situées sur le devant de la maison; elles sont employées aussi,
dans l'occasion, à tenir les prévenus séparés au
secret. Les escaliers et galeries de la maison sont
presque entièrement privés de jour, et éclairés
par des réverbères, qui brûlent durant toute la
journée.

La chapelle, d'une architecture sévère, mais
bien appropriée, est construite sur de petites
dimensions. Une tribune pratiquée au fond, et
strictement grillée, en permet l'usage simultané
aux prisonniers des deux sexes. Derrière l'autel
est placée la sacristie, lieu de triste mémoire;
c'est là que fut le cachot d'où Marie-Antoinette

monta à l'échafaud. Rien n'est changé aux dimensions du local; mais les décorations dont
un zèle empressé l'a revêtu de tous les côtés ont
effacé l'empreinte vivante des terribles souvenirs qu'auraient retracés avec une si vive élo-
quence des murs sombres et des dalles humides.
Deux tableaux peints sur des volets masquent
un petit autel; ils représentent la dernière séparation et la dernière communion de l'épouse
infortunée de Louis XVI. On lit sur un marbre
noir l'inscription suivante :

HOC IN LOCO

MARIA ANTONIA JOSEPHA JOANNA AUSTRIACA

LUDOVICI XVI VIDUA

CONJUGE TRUCIDATO

LIBERIS EREPTIS

IN CARCEREM CONJECTA

PER DIES LXXVI AERUMNIS LUCTU ET SEPULCRO ADFECTA

SED

PROPRIA VIRTUTE INNIXA

UT IN SOLIO ITA ET IN VINCULIS

MAJOREM FORTUNA SE PRÆBUIT

ET SCELESTISSIMIS DENIQUE HOMINIBUS

CAPITE DAMNATA

MORTE JAM IMMINENTE

ÆTERNUM PIETATIS

FORTITUDINIS OMNIUM VIRTUTUM

MONUMENTUM SE PRÆBUIT

DIE XVI OCTOBRIS MDCCLXXXXIII.

RESTITUTO TANDEM REGNO

CARCER IN SACRARIUM CONVERSUS

DICATUS EST

A. D. MDCCCXXI LUDOVICI XVIII

ANNO REGNANTIS XXII

COMITE DECAZES A SECURITATE PUBLICA

REGIS MINISTRO

PRÆFECTO ÆDILIBUSQUE PRESENTIBUS

QUISQUIS HIC ADES

ADORA ADMIRARE PRÆCARE.

La Conciergerie étant la maison de justice établie près la cour d'assises de la Seine, est habitée uniquement, et sauf quelques rares exceptions, par deux sortes de prisonniers : ceux contre lesquels la chambre des mises en accusation a décerné prise de corps, et qui sont à la veille d'être jugés par la cour d'assises, et ceux qui, déclarés coupables par le jury, se sont pourvus en cassation. Des importations périodiques de la Force, et des exportations également périodiques sur Bicêtre et Sainte-Pélagie, renouvellent à peu près chaque mois le personnel de la Conciergerie.

Les observations que j'ai eu le loisir de faire sur le caractère général de ces prisonniers m'ont convaincu d'une vérité que les meilleurs esprits avaient pressentie: savoir, que, malgré les adoucissemens introduits depuis la révolution, notre législation pénale est encore beaucoup trop sévère. Plusieurs de ces malheureux que j'ai été à portée de juger à fond étaient loin d'être complètement démoralisés. A plusieurs, le jugement de condamnation avait suffi pour les faire rentrer en eux-mêmes et leur inspirer des projets de meilleure vie; d'autres, qu'il serait évidemment dangereux de relancer dans la société, à cause de l'impétuosité effrénée de leurs passions et de leur caractère paraissaient suffisamment contenus par le régime sévère de la prison, sans qu'il fût encore besoin, pour les dompter, d'y ajouter des rigueurs qui sont cruelles toutes les fois qu'elles ne sont pas indispensables.

Depuis la Restauration, l'exercice du droit de grâce, la plus morale assurément des institutions monarchiques, est devenu d'un usage assez fréquent et presque périodique. Cette habitude a produit les meilleurs effets parmi les prison-

niers. Ils comptent désormais l'exercice du droit
de grâce au nombre de leurs chances favorables.
Cette idée émousse l'aiguillon du désespoir au
jour de la condamnation, et il n'est presque pas
un criminel aujourd'hui qui ne se pourvoie en
grâce en même temps qu'en cassation. On met
à profit cette circonstance dans l'intérêt de la
société, soit pour obtenir d'utiles révélations,
soit pour obtenir l'aveu précis et détaillé du
crime, qui rassure complètement la conscience
des magistrats, en même temps qu'il épure,
rectifie et précise les lumières de leur expérience.
Les remises de peine pleines et entières sont
rares; les commutations ou les remises partielles
sont fréquentes : méthode sage qui soutient le
courage du condamné, en même temps qu'elle
est pour lui-même et pour tous un puissant
encouragement à tenir une bonne conduite.

Presque chaque jour de l'année, hormis
quelques courts intervalles, les échos de la Conciergerie sont effrayés, le matin, par les voix
farouches des gardiens qui appellent devant la
cour d'assises les prévenus qu'elle va juger; et
le soir, par les gémissemens ou les cris de désespoir de ces infortunés, qui viennent d'entendre

prononcer leur affliction ou leur infamie, quelquefois éternelles ; d'autres fois aussi on les appelle pour aller passer une heure sur l'échafaud d'ignominie; mais alors ils ne rentrent point dans la prison; on les dirige de la place du Palais-de-Justice sur Bicêtre. Ce spectacle continuel, qui rompt si cruellement, pour cette demeure, la monotonie habituelle des prisons, soumet ses habitans aux impressions les plus déchirantes de l'angoisse et de la douleur; car comment se défendre de quelque sympathie, en voyant des hommes dont l'extérieur n'annonce pas toujours le vice, et avec lesquels on conversait à l'instant, précipités tout-à-coup dans les abîmes du plus effroyable malheur! D'autres fois l'on apprend que celui qu'on voyait tout à l'heure se promener avec calme sur le préau vient d'être condamné à mort... Un mouvement inusité parmi les gardiens, une agitation mêlée de terreur et de curiosité propage à l'instant la sinistre nouvelle. Dans ce cas seulement, le condamné ne revient pas se mêler aux autres prisonniers; il est conduit dans une chambre solitaire, numérotée 17, et qui n'a d'ailleurs d'effroyable que sa destination. Louvel a été gardé dans ce cachot tout le temps qui a précédé son jugement. C'est dans ce lieu, situé au rez-de-chaussée, et qui ouvre par une porte sur les galeries du préau, que le condamné est gardé à vue par des gendarmes, jusqu'à ce qu'on le transfère à Bicêtre, s'il se pourvoit en cassation, ou jusqu'au moment de son exécution s'il refuse d'user de ce dernier répit. La promenade sur le préau, et par conséquent sous les fenêtres des prisonniers, et à leur vue, est permise aux condamnés à mort; mais seulement une heure le matin et une heure le soir, avant et après la fermeture des chambres, et entre deux gendarmes. Quand tout recours et tout délai est expiré pour le condamné à mort, on le ramène à la Conciergerie le matin de l'exécution, et les prisonniers le voient, à travers les grilles, sortir du numéro 17 pour se rendre au lieu de l'exécution... C'est pourtant à côté de ces horribles apprêts que peut être condamné à dormir, sans délit ni jugement, celui à qui une sensibilité trop irritable n'aurait jamais permis de supporter spontanément la vue du patient marchant à l'échafaud, ou seulement de l'instrument du supplice.

L'espèce d'habitans que la Conciergerie est destinée à recéler en a dû rendre le régime sévère. Le parloir est formé par deux grilles parallèles, placées à trois pieds l'une de l'autre, et garnies en outre d'une toile de fil d'archal, ce qui rend les communications presque illusoires. On permet assez facilement aux personnes d'une mise et d'une tenue décentes la communication complète à l'avant-greffe. Mais une mesure bien dure est exécutée avec rigueur contre les visiteurs de tout sexe : ils sont strictement fouillés, par des personnes préposées à cet effet. Toutes les lettres qui entrent et qui sortent doivent passer au visa du greffe. Tous les prisonniers sont également fouillés sur leurs personnes et dans leurs effets, lors de leur entrée à la Conciergerie. Les couteaux, rasoirs, ciseaux, fourchettes, et généralement tous les instrumens susceptibles de servir d'armes ou d'outils y sont interdits. Leur recherche donne lieu quelquefois à des fouilles générales, qui s'étendent jusqu'aux effets, matelas et paillasses des habitans de la pistole. Cependant on use de tolérance à l'égard de ceux-ci, lorsque leur caractère et leur conduite paraissent donner des garanties suffisantes.

Voilà la distribution du temps à la Conciergerie durant les mois d'été : à sept heures du
matin, les portes des chambres des prisonniers
sont ouvertes; à huit heures, on distribue le
pain ; à dix heures, le parloir est ouvert jusqu'à
quatre heures. Tous les prisonniers sont tenus
d'assister chaque soir à la prière, qui se fait en
commun à la chapelle. La messe est également
d'obligation à la Conciergerie, ainsi que les
vêpres, les jours de dimanche et fêtes légales.
Néanmoins cette obligation n'est pas entendue
d'une manière contraire à la tolérance consti-
tutionnelle; car j'ai vu un prisonnier être dis-
pensé de l'assistance aux exercices religieux,
sur sa déclaration qu'il était Juif de nation et
de religion.

L'usage des fers est autorisé dans les prisons
de prévention, soit pour transférer les prisonniers de l'une à l'autre, soit pour les amener
devant le juge d'instruction. On se borne le
plus souvent à des cordes.

L'emprisonnement dans un cachot sombre
et humide est le moyen de répression usité à la
Conciergerie. Je crains beaucoup qu'il ne soit
très malsain, car j'ai entendu assurer, par des

gens de la maison, qu'on avait vu des prisonniers en sortir perclus. La peine du cachot est
prononcée par le concierge, qui, je crois, est
obligé d'en tenir note, pour être envoyée à la
Préfecture de Police. Je n'affirme pas que cette
peine soit prononcée légèrement ou inconsidérément; mais il est certain que la mesure prescrite n'offre en effet aucune garantie réelle au
prisonnier : l'expérience n'apprend que trop
que ces sortes d'écritures s'engloutissent inutilement dans les bureaux. Dans les prisons, rien
ne peut remplacer l'inspection personnelle,
quotidienne et gratuite, d'hommes à la fois
élevés et indépendans.

Quelques condamnés pour de simples délits
obtiennent de passer le temps de leur peine à
la Force ou à la Conciergerie : cette concession
est considérée comme une faveur, parce que le
régime des maisons de prévention est moins
sévère que celui des maisons de correction, et
surtout parce qu'on n'y est pas soumis à l'horrible et odieuse nécessité de coucher deux à
deux. Mais, dans ce cas, les condamnés sont
tenus à payer une somme de dix-huit francs
par mois, à l'administration des prisons, pour

l'indemniser des travaux qu'on ferait pour elle dans les ateliers de Sainte-Pélagie ou de Poissy. Ainsi se trouvent dénaturées, par une trop stricte exécution, les prescriptions de la philantropie, qui avait voulu sauver le détenu des dangers et des ennuis de l'oisiveté, mais qui n'avait pas cru, par exemple, condamner aux travaux forcés manuels, des hommes de lettres, capables des travaux d'esprit les plus relevés.

Je terminerai ces observations par quelques conclusions générales qui me paraissent en résulter.

Le régime physique des prisons de prévention est aujourd'hui considérablement amélioré, au moins pour ceux qui possèdent quelques ressources pécuniaires; il reste peu de chose à faire sous ce rapport. Les prisonniers sans ressources pécuniaires sont sans doute dans une situation qui serait bien dure pour un homme accoutumé à l'aisance, mais qui diffère peu de celle où l'on peut supposer qu'ils se trouvaient au dehors. On leur fournit, pour chacun, une paillasse, une couverture de laine et une couchette en bois.

Les infirmeries des prisons sont, au contraire,

dans un état très imparfait, et appellent l'attention la plus urgente de l'autorité chargée d'y veiller.

Le régime moral et le système de gouvernement des prisonniers sont susceptibles de grandes réformes.

Il est indispensable et pressant de former un établissement distinct pour les délits politiques : la justice, l'humanité, la pudeur publique, l'exigent également.

Nous reviendrons sur ce chapitre important, en résumant les réclamations que nous n'avons cessé de faire depuis dix ans en faveur des détenus politiques. Nous ne devons pas désespérer de voir enfin le bien s'opérer. S'il vient lentement, il finit toujours par venir. L'état actuel de la Conciergerie en offre un exemple frappant. Après avoir été jadis l'une des prisons les plus épouvantables de Paris, elle a, par degrés, subi un grand nombre de changemens à son avantage. Ces améliorations avaient déjà commencé avant l'année 1788, puisque l'illustre Howard, qui visita les cachots vers cette époque, atteste qu'alors déjà la chambre de torture qui y existait avait disparu.

Depuis, les modifications introduites dans la
Conciergerie, ont été de plus en plus en rapport avec la civilisation et ont suivi ses progrès.
Cependant, elle est encore bien loin d'être entièrement conforme aux lois de la morale et
de l'humanité.

Chapitre Quatorzième.

LA FORCE.

✳

Cette maison a été le théâtre de bien des évènemens déplorables. Son ancien propriétaire, le
duc de La Force, y fut assassiné lors des massa-
cres de la Saint-Barthélemy. L'infortunée princesse Lamballe y était prisonnière en 1793, et
reçut la mort sous le guichet de sortie qui est
devenu aujourd'hui le greffe de la prison.

C'est à La Force que sont envoyées toutes les personnes arrêtées à Paris, et qui ont été interrogées par la police. Une fois à La Force, le détenu est placé sous l'autorité de la justice. Cette prison reçoit donc la plus grande partie des *prévenus* arrêtés dans la capitale, c'est-à-dire que tous les genres de criminels s'y trouvent réunis.

En 1783, lorsqu'elle reçut la visite de l'illustre philantrope Howard, elle était destinée aux débiteurs, aux vagabonds, aux déserteurs et aux gens arrêtés pour simples délits de police.

La Force, depuis l'empire jusqu'à nos jours, a été le séjour de prisonniers de tous les rangs, de toutes les opinions et de tous les accusés de grands crimes.

Les malheureux condamnés de La Rochelle, MM. Béranger, Cauchois-Lemaire, Mahul, et les criminels Papavoine, Castaing, Contrafatto, etc., ont habité tour à tour les mêmes chambres (dites de secret). C'est assez faire comprendre combien la construction de cette prison est peu en harmonie avec la destination qu'elle a à remplir.

J'ai été aussi prisonnier trois mois à La Force,

comme prévenu d'avoir favorisé l'évasion de deux condamnés de la conspiration de Saumur, et c'est là, dans la solitude du *secret*, en 1822, que j'ai formé le projet de vouer toute mon existence à la défense des prisonniers.

Dans un autre chapitre je publierai tout ce qui se rapporte à cette évasion qui aura peut-être quelque intérêt pour le lecteur, en raison des personnes qui ont participé à la réussite de de cette louable action.

Voici quelques détails déjà publiés dans le *Journal des Prisons*, sur la maison de La Force, qui a subi peu de changemens, mais à laquelle on a ajouté plusieurs bâtimens contigus qui contenaient autrefois les femmes prévenues et les filles publiques, arrêtées pour des délits de police locale.

La réunion des bâtimens qui composent cette prison, construits à des époques et dans des vues diverses, offre l'assemblage le plus incohérent et le plus irrégulier qu'on puisse imaginer, et cependant elle remplit parfaitement sa destination actuelle, car les évasions y sont extrêmement difficiles, et, en effet, l'on en cite peu d'exemples.

La première cour, connue sous le nom de cour de la Chapelle ou de *la Vit au lait* (1), est d'un aspect qui n'est point trop désagréable, grâce à quelques tapis de verdure qui en décorent le préau. Elle est destinée aux personnes dont la mise et l'éducation promettent des mœurs douces et des habitudes de propreté. Il existe toutefois à cet égard un arbitraire assez complet, et plusieurs détenus pour délits politiques ont été placés dans la cour de *la Dette*, dont les localités et les habitans offrent des inconvéniens de plus d'un genre.

A l'un des coins de la cour de la Chapelle se trouve un grand et bel escalier, qui offre des coupes de pierre et des ornemens dans la manière du siècle de François Ier et de Henri II, d'un goût assez remarquable et fort bien conservés. Cet escalier conduit à l'infirmerie, qui est vaste et bien aérée; c'était jadis la salle de spectacle de l'hôtel. Comme la plupart des infirmeries de prison, elle manque d'un préau où les malades puissent se promener et respirer

---

(1) Ce dernier nom lui est venu, dit-on, de ce qu'on n'y renfermait jamais les personnes détenues pour mois de nourrice.

l'air extérieur. Cet inconvénient, qui ne paraît
point assez vivement senti par les personnes qui
président à la police et à l'administration des
prisons, est bien cruel pour les malades, dont
il a plus d'une fois abrégé les jours, principalement lorsque la maladie est provoquée par une
mélancolie trop profonde, ou par un excès d'a-
battement moral. Une salle particulière est destinée aux maladies cutanées et contagieuses; et,
par une fatalité bien déplorable, ces sortes de
maladies, qui proviennent le plus souvent du
défaut de propreté, sont celles qui en rencontrent le moins dans les locaux où elles sont trai-
tées. A côté de l'infirmerie est une pharmacie,
avec une salle de bains. Ce petit établissement,
qui est aussi à l'usage des prisonniers valides,
est considéré comme très précieux dans la maison de La Force; il serait désirable et facile d'en
former de pareils dans toutes les prisons, où cependant il est fort rare d'en rencontrer.

Les dortoirs où sont logés les habitans de la
cour de la Chapelle sont composés de trois éta-
ges, auxquels on parvient par un escalier de
bois, de construction moderne, très bien
éclairé et aéré. Les chambres sont ou à quatre

lits avec une croisée, ou à sept lits avec deux croisées. Par une mesure fort sage, l'on a numéroté, en chiffres, le nombre et la place des lits ; mais cette précaution est souvent éludée, selon les besoins du service. Les corridors par lesquels on aboutit aux chambres sont étroits, obscurs et privés d'air ; ils sont terminés par des latrines sans jour, et qui engendrent la plus odieuse infection. Il serait urgent de fermer ces latrines, car, indépendamment de leurs inconvéniens réels, elles sont complètement inutiles.

Il ne faut pas croire que les chambres dont je viens de parler soient celles que l'administration des prisons fournit gratuitement à tous les prisonniers ; ce sont celles que, dans le langage des prisons, on désigne sous le nom de *pistoles*, et dans lesquelles, pour un prix assez modique, l'on obtient une couche, composée d'une paillasse, un traversin, deux matelas, une couverture de laine et une paire de draps blancs, d'une qualité tolérable. L'on peut encore se procurer, en payant, des tables, chandeliers, chaises, ou bancs, et autres menus ustensiles, indispensables aux personnes

qui ont des habitudes de propreté (1). Quelquefois cependant, et trop souvent, on manque de plusieurs de ces objets, ce qui amène un
état de souffrance d'autant plus injuste que la
maison ne doit renfermer que des prisonniers
encore dans les premiers degrés de la procédure,
et qui par conséquent offrent beaucoup de
présomptions d'innocence. Plusieurs prisonniers prennent le parti de faire là cuisine eux-
mêmes, sur des poêles placés dans chaque
chambre : ils trouvent dans ce parti à la fois un
moyen d'occupation et d'économie ; mais ils
nuisent à la propreté et à la salubrité des locaux ; d'autres font apporter à dîner du dehors.

L'eau est peu abondante et médiocrement
pure à la Force. La nourriture qu'on y distribue chaque jour aux prisonniers consiste en
un pain d'une livre et demie (vingt-quatre
onces), et un bouillon apprêté avec du beurre
et des légumes. La soupe de l'infirmerie est

---

(1) Les fournitures des pistoles sont louées par l'administration des
prisons ; le soin de la recette et de là tenue des écritures qu'elle nécessite est remis quelquefois, par délégation, à un prisonnier qui
prend le titre d'économe, et qui trouve quelques bénéfices à remplir
cet emploi.

faite avec du bœuf; les vieillards âgés de soixante-
dix ans et au-dessus ont droit chaque jour au
régime de l'infirmerie. Tout ce qui concerne la
nourriture est pareil à la Conciergerie et à la
Force. La ration de santé paraît presque insuffisante; elle est un peu moins stricte dans les
maisons centrales de détention et de réclusion,
parce qu'on y applique une partie des produits
du travail des prisonniers.

Les commissions sont remplies par des com-
missionnaires et gardiens, autorisés pour cet
objet, et qui retirent de leurs services d'assez
bonnes rétributions; mais quelque générosité
qu'on s'impose à leur égard, leur service est
encore au-dessous de celui du plus mauvais domestique. Il serait à souhaiter qu'on permît à
un restaurateur de donner à dîner dans l'intérieur de la prison, dans des salles affectées à
cette destination. L'ordre intérieur de l'établissement y gagnerait, la propreté et la salubrité
en seraient considérablement améliorées, et
l'on épargnerait à des prisonniers qu'aucun jugement n'a encore déclarés coupables, des dépenses et des tourmens aussi injustes qu'i-
nutiles.

Il existe dans l'intérieur de la Force un très petit nombre de chambres particulières, qui ne s'obtiennent que par la faveur et l'autorisation de la Préfecture de Police. Le nombre de ces chambres devrait être plus considérable, et elles devraient être accordées à quiconque serait dans le cas d'en payer la dépense. En Angleterre, un prisonnier qui n'est qu'en état de prévention trouve à se loger en prison, on peut dire avec luxe, s'il veut donner l'argent nécessaire pour cela. Rien n'est plus juste, en effet; et c'est un vice intolérable dans les prisons d'une ville telle que Paris, habituellement fréquentée par un certain nombre de gens riches, qu'on ne puisse y trouver, pour aucun prix, le moyen de s'y procurer un logement un peu commode, et du moins isolé; car, dans ces chambres à plusieurs lits dont je parlais tout à l'heure, on est obligé trop souvent d'essuyer les effets de la malpropreté ou de l'inconduite d'un voisin qu'on ne s'est pas choisi, et de rester à la merci de tous ses caprices. Le travail d'esprit et de plume y devient presque toujours impraticable, soit à cause du bruit, soit à défaut de table ou de chaise, etc. : il faut avoir éprouvé la privation absolue et continue de ces menus objets de commodité, devenus indispensables à l'homme civilisé, pour se former une idée exacte du tourment qui en résulte. Il est tout-à-fait injuste de soumettre à la privation de ces objets celui qui en a contracté l'habitude, et qui offre d'en payer l'usage; car c'est le condamner, sans but comme sans prétexte, à des souffances que l'homme de mœurs grossières, placé à côté de lui, n'entrevoit même pas.

La seconde cour de la Force, dite de *la Dette*, par suite d'une ancienne destination, est plus spacieuse, mais d'un aspect plus triste que celle de la Chapelle. Les habitans de celle-ci sont généralement d'une mise moins soignée et sous le poids de préventions plus graves, ou sont supposés d'un caractère plus indocile que ceux qui habitent la cour de la Chapelle. Sur cette cour sont situés, outre un certain nombre de chambres pareilles à celles des habitans de la cour de la Chapelle, des dortoirs contenant un grand nombre de lits, et désignés sous le nom de *demi-pistoles*, parce qu'on n'y trouve que des demi-couchettes, qui se paient moitié moins. Les fenêtres de plusieurs des chambres

de la cour de la Dette donnent sur la cour de
la Chapelle, tandis que plusieurs des chambres
de la cour de la Chapelle donnent sur la cour
de la Dette; en sorte que les communications
verbales ou écrites peuvent avoir lieu récipro-
quement entre les deux cours, outre que les
prisonniers des deux cours se rencontrent et se
mêlent à l'église. Un des côtés de la cour de la
Dette offre les restes encore bien conservés
d'un ordre d'architecture dorique, cannelé,
qui rappelle tout-à-fait la manière élégante et
gracieuse des architectes de la fin du xvi° siècle. A l'une des extrémités, l'on montre le
triste et abject réduit d'où la princesse de Lamballe ne sortit que pour tomber sous les coups
de ses féroces assassins.

Un troisième quartier de la Force est désigné sous le nom de *Bâtiment neuf.* Il fut
construit au commencement de la révolution,
et n'a pas tardé, dit-on, à engloutir ses propres constructeurs; l'aspect en est formi-
dable; l'intérieur surpasse encore l'idée que
peuvent faire naître ses murs. On renferme
dans le Bâtiment neuf les individus les plus
sales et les plus violens de caractère, ou les

plus gravement prévenus. Cette nouvelle clas-
sification est encore laissée à l'arbitraire de
l'autorité, qui gouverne ces maisons d'une façon entièrement absolue. On envoie au Bâtiment neuf, en manière de punition, les habitans des autres quartiers de la maison dont on
croit avoir lieu d'être mécontent; ce bâtiment
est d'autant plus susceptible d'inconvéniens,
que les mœurs de ce quartier sont plus grossières et plus dissolues : il existe à la Force des
cachots particuliers, auxquels il serait peut-
être mieux de borner les moyens de répression. L'usage des rasoirs, couteaux, fourchettes, et autres instrumens susceptibles de
servir d'armes offensives ou destructives, est
entièrement interdit au Bâtiment neuf; l'usage
du vin et des liqueurs fortes y est soumis à de
sages restrictions.

La maison de la Force comprend encore une
vieille cour, sur laquelle prennent jour des
chambres qui servent à loger certains prisonniers en état de demi-secret; des dortoirs pour
les enfans condamnés, qu'en argot de prison on
nomme *mômes*, et enfin un bâtiment séparé
pour les femmes, connu sous le nom de *Petite-*

Force. Cette partie est régie par la même administration, mais ne communique avec la grande Force que par une seule porte.

Un des plus grands inconvéniens de la maison de la Force, inconvénient qui est commun aux deux cours principales, c'est l'absence d'un lieu couvert où l'on puisse respirer l'air extérieur, à l'abri de la pluie et des intempéries diverses. Aussi les prisonniers passent les journées pluvieuses tristement et malsainement, dans les mêmes chambres où ils ont passé la nuit, entassés; et, le matin, s'il pleut tandis qu'on balaie les chambres et qu'on fait les lits, ils n'ont d'autre refuge que l'escalier. Ce dernier lui-même vient à leur manquer, une fois le mois, en été : c'est le jour du lavage des chambres. Cette opération malpropre se pratique de la manière suivante : on transporte, à bras, et au moyen de seaux, une grande quantité d'eau au plus haut étage de la maison; cette eau est répandue, mêlée avec du sable, sur les planchers de l'escalier, des corridors et des dortoirs, et ensuite poussée à coups de balai, d'étage en étage et de chambre en chambre, jusque dans la cour, où elle entraîne avec elle toutes les immondices détachées à force de bras. En attendant, on entasse les chaises, les tables, et autres meubles des dortoirs, sur les lits; et cependant les prisonniers, parqués dans la cour comme un troupeau de bétail, déjeûnent sur une pierre, ou lisent sur une chaise, exposés à l'air ou au soleil, en attendant que l'inondation impure ait évacué leurs cellules, et que la chaleur de la saison en ait desséché les restes dégoûtans. L'intention de cette opération est bonne, et le résultat en est certainement favorable à la propreté et à la salubrité, mais l'exécution en est à la fois pénible et hideuse pour les prisonniers.

Voici maintenant le tableau de l'ordre et de la discipline de la maison pendant les mois d'été, qui sans doute sont les moins désagréables. A six heures du matin l'on ouvre les chambres des prisonniers, qui ont été fermées à clef et au verrou durant la nuit. A huit heures, un garçon vient s'assurer que les lits sont rétablis et les chambres balayées. A dix heures, le parloir s'ouvre jusqu'à quatre heures. Pendant ce temps les prisonniers communiquent avec les personnes qui en ont obtenu la permission de la Préfec-

ture de Police ou du juge d'instruction. Les parloirs sont fermés à quatre heures de l'après-midi
jusqu'au lendemain. A sept heures et demie en
été, et beaucoup plus tôt en hiver, les prisonniers sont renfermés dans leurs chambres; ils
peuvent y conserver de la lumière jusqu'à dix
heures. A cette heure, les gardiens qui font la
ronde dans les cours, leur crient d'éteindre les
flambeaux. A une ou deux heures après minuit,
un gardien, muni d'une lanterne et escorté de
deux soldats armés, vient ouvrir, avec grand
fracas, les serrures et les verrous des corridors
et des chambres, et s'assurer que tous les prisonniers sont dans leur lit. Cette mesure est à
peu près inutile sous le rapport de la sûreté,
puisque chaque soir, en fermant les portes des
chambres, les gardiens ont soin, un registre à
la main, de s'assurer qu'elles contiennent le
nombre de prisonniers indiqué par le registre,
et les mêmes qui s'y trouvent portés; en outre,
des soldats en faction sont postés, durant toute
la nuit, dans les cours et dans les chemins de
ronde qui entourent presque entièrement les
divers quartiers de la prison; des patrouilles continuelles parcourent ces chemins en tous sens;

et d'ailleurs le coup d'œil que les gardiens jettent dans les chambres est si superficiel, par suite de l'habitude et de la sécurité que leur inspirent les obstacles à peu près insurmontables qui s'opposent à toute évasion; que si un prisonnier était parvenu à quitter sa chambre, il lui aurait suffi des plus grossiers stratagèmes pour tromper l'œil du gardien visiteur. Mais si cette visite nocturne n'ajoute que de bien faibles garanties à la sécurité, elle entraîne quelque chose de barbare à l'égard du prisonnier dont elle vient interrompre le premier et le plus profond sommeil, en retraçant à ses yeux et à ses sens troublés inopinément toutes les idées lugubres d'une situation amère, dont le repos de la nuit est la seule consolation. A la Conciergerie, le même règlement existe; mais un relâchement dicté par l'humanité ne le fait mettre à exécution qu'à de longs intervalles et à l'improviste. Pour que les intérêts de la sécurité publique souffrent d'ailleurs le moins possible de ce relâchement, on a pratiqué, à la porte de chaque chambre, une lucarne grillée qui s'ouvre en dehors, et au travers de laquelle un gardien peut, sans bruit, et sans être aperçu, observer à tout instant ce qui se passe dans l'intérieur.

Il existe à la Force quatre parloirs ; ceux du Bâtiment neuf et de la cour de la Dette sont construits de manière à ne permettre que des communications verbales et non secrètes ; les deux autres, à l'usage de la cour de la Chapelle, permettent la communication la plus complète.

Quant aux objets qu'on transmet aux prisonniers, ils sont soigneusement vérifiés par une *fouilleuse* commissionnée à cet effet par la police.

La physionomie morale de la Force, en général, et *du Bâtiment neuf* en particulier, est triste sous tous les rapports. C'est là que commencent les tourmens si multipliés de la détention ; c'est là que les épouses viennent avec leurs enfans visiter celui qui devait être le soutien de sa famille, et que de malheureux penchans ont précipité dans ce séjour de regrets et de douleurs. Combien de fois ai-je été témoin de conversations et d'entrevues déchirantes !

Lorsque je parlerai de mon emprisonnement à la Force, j'exprimerai les mille et une sensations qui, tour à tour, portent le désespoir ou l'espérance dans le cœur *du prévenu ;* et peut-être sera-t-on d'avis avec moi que, toute réflexion faite, on est moins à plaindre étant *condamné*, que pendant l'instruction du procès, car rien n'est pire que l'incertitude et la crainte.

Dans l'une de mes visites à la Force, j'eus une entrevue avec Malagutti et Ratta, les deux assassins du changeur Joseph.

Malagutti avait vingt-trois ans ; son pays était Regate en Italie. Ratta n'avait que dix-neuf ans, il était également Italien et sans instruction.

C'est à l'infirmerie que je vis ces deux criminels : l'extérieur de Malagutti inspirait peu d'intérêt. Sa figure était blême et ses regards n'exprimaient pas la franchise. Ratta, au contraire, était plus soigné dans sa toilette ; sa voix, son langage et ses yeux, étaient doux. Aussitôt qu'il apprit mon nom et que je rédigeais le *Journal des Prisons*, il parut désirer de me parler seul. Je m'empressai d'aller dans un des coins de la salle, et il me suivit aussitôt paraissant très satisfait de m'entretenir sans être entendu. Ce jeune homme était loin de croire à sa condamnation, car la première chose qu'il me dit était relative à ce qui l'occuperait si la jus-

tice le renvoyait dans son pays, en ajoutant :
« Que je suis heureux de vous conter mes peines ! hélas ! je ne suis pas aussi criminel que vous pouvez le croire : dès ma plus tendre enfance j'ai été abandonné à moi-même, sans argent, sans instruction ; que pouvais-je faire ? Malagutti était mon seul compagnon d'infortune ; et sur ses instances réitérées j'ai consenti à faire un vol assez considérable pour faciliter mon retour en Italie. Je n'ai jamais eu l'intention de tuer : Malagutti a fabriqué deux poignards en me disant : « Ils sont pour nous si nous sommes pris. » J'avais résolu de mourir plutôt que d'aller aux galères, et d'ailleurs j'espérais réussir dans notre entreprise. Arrivé chez M. Joseph, Malagutti usa d'un stratagème pour le faire sortir de son comptoir, et au même instant je le vis se jeter sur ce changeur en le frappant vigoureusement de son poignard. Tremblant d'être arrêté, ayant perdu la tête, j'entends Malagutti me dire : « Si tu ne frappes pas, nous sommes perdus.— C'est alors, monsieur, que je devins assassin ! »
A ces mots Ratta pleura vivement et toujours en cherchant à ne pas être vu de Malagutti ni des gens de la maison, qui ne perdaient pas un

seul de nos mouvemens. Ratta termina cette conversation en me disant : « J'aimerais mieux mourir que d'avouer tout cela en justice : nous sommes deux, nous serons sauvés ensemble ou condamnés au même emprisonnement. » J'avoue que le repentir et la confiance que me témoignait ce criminel me touchaient beaucoup ; il s'en aperçut, et, oubliant sans doute sa position, il me prit la main, la serra fortement, paraissant trop affecté pour m'en dire davantage.

Malagutti vint alors au-devant de moi, et me parla assez librement de son affaire ; et, pour lui laisser ignorer les confidences de Ratta, je lui dis que je ne doutais pas que ses juges ne lui rendissent justice. Il me répondit alors avec vivacité : *Au contraire, monsieur, je souhaite qu'ils ne me rendent pas justice.*

Le langage de ce détenu était loin de provoquer l'intérêt ; et ce n'est pas sans horreur que je l'entendis me dire : *Je ne croyais pas un crâne d'homme aussi dur : celui de M. Joseph résistait toujours aux coups de mon poignard, qui cependant était bien trempé.* Le sang-froid avec lequel il prononça ces mots me fit un effet dont, pour la première fois en pareille occasion, je ne fus pas maître, et, malgré moi, je m'éloignai de Malagutti. J'allais me retirer de la prison, lorsque je rencontrai de nouveau Ratta et son complice : ce dernier paraissait peu disposé à me parler; Ratta, au contraire, s'avança vers moi, et me renouvela ses remerciemens pour le léger secours que je lui avais remis à l'infirmerie. C'est alors qu'en me disant adieu il me fit promettre d'aller le voir quand il serait à la Conciergerie. On sait que l'autorité d'alors m'a privé de tenir parole à ce malheureux, quoiqu'il m'écrivît de Bicêtre pour me rappeler cette promesse. J'ai appris depuis qu'il était très reconnaissant de la compassion que j'avais eue pour lui. Malagutti, au contraire, ne s'expliqua pas à cet égard : telles ont été mes observations sur ces deux criminels. C'est peut-être ici l'occasion de faire remarquer la différence de la criminalité de Ratta, à celle de Malagutti. L'un était le provocateur, le fabricant des poignards, l'auteur du projet, et le premier exécuteur; son âge, les moyens d'existence qu'il avait, le rendaient encore bien plus criminel. Nous sommes assurément bien éloigné de blâmer l'arrêt de la justice, elle a exécuté la loi, et c'était son devoir; mais il est

permis sans doute de regretter que dans un semblable cas le Code n'établisse pas de différence,
car nous somme fondé à croire que Ratta
était susceptible de revenir dans une bonne voie.
On sera avec nous de cet avis quand on appren-
dra qu'il donnait, la nuit et le jour, les soins les
plus assidus à ses compagnons d'infortune de
l'infirmerie, et qu'il avait pour eux les attentions
et l'empressement d'une bonne sœur de charité.

Pour justifier la peine de mort, on dit souvent qu'il faut un exemple au peuple. Hélas!
combien peu d'individus parmi ceux qui se pressent pour assister à une exécution profitent de
ce spectacle! J'ai souvent demandé à des condamnés à mort s'ils avaient vu exécuter; tous répondirent affirmativement, ajoutant que la mort
était bien moins cruelle que les galères perpétuelles. D'ailleurs le peuple sans instruction s'habitue à l'horreur de la guillotine, et c'est avec
douleur qu'on l'a vu après l'exécution de Malagutti et de Ratta, vouloir assiéger la *voiture* qui
emportait leurs corps, pour ouvrir le panier qui
les contenait, afin de contempler ces cadavres.

Ce manque de sensibilité ne répond guère
assurément à l'*idée générale* qu'il faut un exem-

ple physique ; je crois pour mon compte qu'un *exemple moral*, c'est-à-dire des souffrances graduées, dans des établissemens organisés à cet effet, deviendraient beaucoup plus efficaces. Bien entendu que les criminels seraient gardés de manière à ne laisser aucune crainte d'évasion.

On pourrait alors établir un régime sévère, mais humain : il serait facile d'exciter les prisonniers à changer leurs coupables penchans. Les grâces du souverain pourraient établir entre eux une grande émulation : des leçons de morale données avec sagesse par la fondation d'écoles élémentaires produiraient certainement un excellent effet sur l'esprit des condamnés. J'ai d'ailleurs, pour appuyer cette opinion, l'expérience de trois années, lorsque j'avais le bonheur d'être l'instituteur des pauvres prisonniers de Montaigu ; et, quoi qu'on en dise, j'affirme que je n'ai jamais rencontré un homme assez perverti pour être-insensible à un bon traitement, pour ne pas reconnaître l'avantage de bien se conduire. Il est vrai que cette fonction d'instituteur de prison exige une patience à toute épreuve et un zèle toujours soutenu.

Je ne dis pas qu'il serait possible de changer
tous les criminels; mais j'ai l'assurance que le
plus grand nombre deviendrait meilleur, et que
la moitié du reste renoncerait en partie au
crime. Je crois fermement d'ailleurs qu'il n'existe
pas d'homme assez brute, assez corrompu,
pour fermer totalement son cœur au repentir. La question de la peine de mort est trop
étendue pour que nous la traitions à fond en
ce moment; nous y reviendrons : remarquons
seulement que dans les pays où l'humanité a
vaincu les préjugés, en abolissant cette peine,
les crimes sont devenus plus rares et les
vols moins communs. En serait-il de même en
France? c'est ce que nous n'osons affirmer!!

Chapitre Quinzième.

DÉPOT DE LA PRÉFECTURE DE POLICE.

✱

Aucune des prisons de Paris ne présente un spectacle plus varié, plus bizarre, et en même temps plus déplorable que le dépôt de la Préfecture de Police, dont la population se renouvelle en partie toutes les vingt-quatre heures. Des vagabonds, des filous, des voleurs, des étrangers de toutes les nations, qui n'ont aucun papier, et qu'on trouve à Paris sans moyens d'existence; des femmes prostituées, des escrocs, des enfans abandonnés sur la voie publique, des forçats ou prisonniers libérés, tels sont les habitans de cette prison.

Les personnes arrêtées qui ont le moyen de payer la pistole peuvent rendre leur position supportable; mais les malheureux qui manquent d'argent sont entassés pèle-mêle dans des salles malpropres, et surtout trop petites pour contenir tant de monde à la fois.

Le dépôt de la Préfecture de Police réclame donc un grand nombre d'améliorations, et nous les sollicitons de l'administration actuelle, qui déjà, nous devons le reconnaître, a introduit un grand nombre d'utiles réformes.

En visitant le dépôt, il y a peu de temps, je remarquai dans la salle des femmes de mauvaise vie une petite fille d'environ seize mois, qu'on avait trouvée la nuit sur un tas d'ordures, dans une rue de Paris. La malheureuse enfant était charmante, et les soins touchans qu'elle recevait des immorales créatures détenues avec elle, me firent songer à achever leur bonne œuvre en demandant au préfet de police de me confier l'orpheline de la prison. Je profitai de cette circonstance pour témoigner aux prisonnières combien leur humanité était louable, et de quelle influence elle pouvait être pour l'avenir de cette pauvre enfant. Rien ne peut exprimer la joie que ces femmes ressentirent de ma promesse. On eût dit que chacune d'elles en était la mère, et jamais je n'ai reçu autant de remerciemens et d'actions de grâces.

Les formalités pour pouvoir retirer et emmener cette orpheline furent assez nombreuses. Lorsqu'elles furent entièrement remplies, la reine et madame Adélaïde ont voulu la prendre sous leur royale protection, et daignèrent même m'ordonner de la leur présenter.

Cette petite m'intéressait si vivement aussi, que je pris une garde que je logeai dans ma maison, pour être à même de surveiller l'exécution des vues si charitables de Sa Majesté et de Son Altesse Royale. Malheureusement, les privations que cet enfant avait endurées dès sa naissance provoquèrent malgré tous nos soins une maladie qui nous l'enleva. J'ai bien regretté cette perte, car je m'étais habitué à regarder comme mon enfant ce dépôt précieux du malheur et de la misère.

A cette occasion, je dirai qu'il me semble, qu'en pareil cas, l'autorité devrait envoyer les enfans qu'elle trouve abandonnés sur la voie publique à l'hospice des orphelins, et non pas les confondre dans une prison avec des êtres dégradés, et souvent affectés de maladies contagieuses.

Chapitre Seizième.

MAISON DE CLICHY.

*

Spécialement destiné aux détenus pour dettes, ce vaste et bel établissement est, comme nous l'avons dit, parfaitement bien organisé ; les intéressans prisonniers qu'il renferme ne peuvent être mieux sous aucun rapport. La salubrité de la maison, ses promenades couvertes, son grand jardin, le régime intérieur, la facilité de recevoir les visiteurs, tout concourt à adoucir les douleurs inséparables de la captivité. Mais si le gouvernement a fait matériellement ce qu'on pouvait raisonnablement désirer, il lui reste encore l'amélioration morale du sort des détenus pour dettes, et nous comptons trop sûr la justice, les lumières et les idées philantropiques de nos Chambres législatives pour douter un seul instant que les réformes que s'accordent à demander tous les hommes éclairés ne viennent bientôt anéantir le commerce de l'*usure*, et la perversité des incarcérations inhumaines, dont la prison de Clichy renferme les malheureuses victimes.

Il se passe tous les jours dans cette maison des actions qui font honneur à l'humanité de ses malheureux habitans. Je citerai, entre autres, le fait suivant, qui est tout récent et que j'ai présent à la mémoire.

Un garde du commerce vient arrêter un pauvre artisan dont la femme était près d'accoucher; et, malgré les supplications de cette malheureuse, le mari est entraîné à la prison de Clichy. Elle ne veut pas le quitter, elle arrive avec

lui : rien ne peut la décider à le quitter ; et la
vive douleur qu'elle éprouve de cet accident
détermine l'accouchement. Alors le directeur,
M. Preux, dont l'humanité est si connue, fait
dresser un lit dans la cellule destinée au mari,
et là, pendant tout le temps nécessaire à son
rétablissement, madame *** reste à la maison de
Clichy, comblée des soins des autres détenus,
qui adoptent l'enfant, né au milieu d'eux. Tous
s'abstiennent du moindre bruit ; ils oublient
leur propre infortune pour soulager celle de
leurs nouveaux compagnons ; et, grâce à des sa-
crifices qu'on n'obtiendrait peut-être pas d'une
réunion de nos salons, rien, absolument rien
ne manque à l'innocente créature qui reçoit le
jour sous des verrous.

On devine qu'une auguste mère de famille
n'a pu rester étrangère à cette bonne action ; la
Providence a protégé le malheur non mérité ;
et l'enfant trouvera dans l'avenir une compensation au pénible souvenir du lieu de sa naissance et de la captivité de ses parens.

Les détenus de Clichy, qui ont formé parmi
eux un comité de bienfaisance pour secourir
ceux de leurs compagnons qu'une excessive

misère et une bonne conduite rendent intéressans, ont voulu achever leur ouvrage en faisant
une souscription pour payer la dette, cause de
l'emprisonnement de M. ***, et aujourd'hui cet
intéressant ménage a repris son petit commerce,
et nous avons l'espérance que l'œuvre de cet
estimable comité produira le résultat que sa gé-
néreuse pensée mérite d'obtenir.

Chapitre Dix-septième.

———•◦◦•———

L'ABBAYE.

＊

Les fonctions que je remplissais, il y a dix ans, m'ont fourni les moyens de visiter souvent les prisons militaires de Paris. Depuis cette époque peu de changemens y ont été introduits, et j'en suis encore à réclamer la sollicitude de l'autorité envers une classe aussi intéressante que celle des soldats détenus. On sait que la discipline des régimens est très sévère : aussi plus des cinq sixièmes des hommes mis à l'Abbaye sont acquittés par les conseils de guerre. Il serait donc juste d'épargner à ces malheureux des souffrances qui ne sont en rapport ni avec leur position ni avec la nature souvent excusable de leurs délits. Une maison qui ne contient que des militaires *en prévention*, et quelquefois des officiers de tout grade, arrêtés pour dettes ou pour délits politiques, devrait évidemment différer d'une prison destinée à renfermer des criminels, des forçats.

La maison est construite de manière à ne permettre que peu d'améliorations, sous le rapport de la salubrité, de la santé des prisonniers et de leur division.

Les pauvres soldats détenus ne reçoivent qu'une livre de pain par jour, une tasse de bouillon assez mauvais et un très petit morceau de viande. Il serait juste d'habiller ces hommes plus convenablement, de leur donner du linge propre et de renouveler plus souvent la paille des lits. L'hiver, il faut que les prisonniers, qui couchent ensemble, s'échauffent en se pressant l'un contre l'autre, car une couverture ne suffit pas dans des chambres où il n'y a jamais de feu, et dont les croisées sont ouvertes toute la journée.

Quant au bâtiment, remarquons que, depuis les excès affreux commis pendant la Révolution à cette prison, on n'a rien fait pour la rendre plus saine. Les murs sont sales et humides, la cour petite et entourée de maisons hautes qui interceptent les rayons du soleil ; les chambres contiennent trop de lits pour leur grandeur ; les hommes couchent deux à deux ; les croisées donnant sur la cour sont étroites, en sorte que les prisonniers respirent presque toujours un mauvais air. Une paillasse et une mince couverture composent la fourniture du lit. Un petit chauffoir est commun dans l'hiver à tous les détenus. L'escalier est étroit, les corridors noirs et étouffés ; les cachots sont abominables, et tellement humides, que les soldats qu'on y enferme, souvent pour des fautes légères, sont obligés d'aller à l'hôpital du Val-de-Grâce pour se rétablir de cet emprisonnement. A l'appui de cette observation je citerai le soldat Bouquet, qui avait fait une faute à

Montaigu. Pour l'en punir, on le transféra à l'Abbaye, et le cachot fut sa demeure pendant un mois. Comme les règlemens ne permettent pas d'y laisser les hommes plus de quatre jours, on le faisait sortir le cinquième quelques instans, puis il était replongé dans cet infâme souterrain. La santé de cet homme avait déjà été affaiblie naturellement par le chagrin et l'ennui, car il était pendant tout ce temps au plus rigoureux *secret*; moi-même je n'ai pu obtenir la permission de le voir, et pourtant j'avais beaucoup d'influence sur le concierge. Malgré la sévérité de cet ordre, les pauvres camarades de Bouquet qui suivaient mes leçons à Montaigu, trouvèrent le moyen de lui faire remettre une petite somme, produite par une souscription ouverte dans la prison. Je me suis joint avec empressement à cette bonne œuvre, que nous avons cachée le mieux possible : car secourir un détenu, quand l'autorité lui infligeait une punition, était alors une action regardée comme très blâmable.

Bouquet revint à Montaigu après six semaines d'absence : ce n'était plus ce soldat vigoureux; j'avais peine à le reconnaître; il ne pouvait plus se tenir debout; son esprit était aussi affaibli que son corps : on eût dit un mort sortant de son tombeau!

Plusieurs autres militaires ont subi la punition de ce cachot, et tous, je l'affirme, s'en sont ressentis long-temps douloureusement.

Les chambres destinées aux officiers sont assez propres; mais ces messieurs sont privés de promenade : ne devrait-on pas avoir plus d'égards pour des personnes honorées d'un grade, et souvent détenues pour des délits politiques ou des fautes peu importantes au bien du service? Le gouvernement n'a d'autre moyen pour remédier à ces inconvéniens que de vendre cette prison et d'en faire construire une suivant un plan plus conforme à sa destination.

Dans la plaine de Grenelle on pourrait bâtir une vaste maison pour les prévenus militaires : alors seulement la discipline des corps serait appliquée avec justice; les hommes coucheraient seuls, les chambres contiendraient le moins de lits possible, et un seul, si la chose pouvait avoir lieu.

On devrait aussi occuper les prisonniers à un travail facile, leur apprendre à lire et à écrire, exiger la propreté des chambres et des habits.

Le gouvernement reconnaîtrait bientôt une différence totale dans le moral et le physique des détenus.

Chapitre Dix-huitième.

—◦—

PRISON DE MONTAIGU.

❋

C'est en 1819 que M. le maréchal duc d'Albuféra et M. le comte Defrance, qui commandait la première division militaire, se concertè-
rent sur les moyens à employer pour réformer
les vices et l'oisiveté qu'on remarquait dans cette
prison. L'instruction et le travail ont paru les
meilleurs remèdes : un capitaine a été désigné

I. 14

par le général pour surveiller spécialement Montaigu et y introduire les améliorations désirées. L'activité, le zèle et les soins assidus de ce capitaine eurent le succès attendu. Des fabricans passèrent avec l'administration des marchés pour l'entreprise des ateliers à former dans l'intérieur de la prison. J'offris à M. le maréchal d'organiser et diriger une école d'après les principes de l'enseignement mutuel. Cette proposition fut agréée et secondée par M. le duc Decazes, alors président du conseil des ministres. Sur la demande de M. le duc d'Albuféra, la Société Royale fit les dépenses nécessaires à l'achat du matériel de l'école, des ardoises, crayons, etc., et elle fut ouverte le 14 juin 1819, en présence de M. le maréchal, du lieutenant-général comte Defrance, du comte de La Borde, des officiers de l'état-major-général de la première division, etc. Les détenus étaient au nombre de quatre-vingt-dix. Les bons effets de l'étude et du zèle que les détenus y apportaient ne tardèrent pas à se manifester dans la prison de Montaigu. L'ordre, la discipline, les améliorations de mœurs, s'y firent sentir d'une manière non équivoque.

Nous fûmes alors témoins d'un fait entre autres qui vient à l'appui de ce que nous avançons, et qui offre presque un phénomène dans un lieu où l'on est accoutumé à ne rencontrer que la dépravation sans espoir de retour au bien.

Le nommé T... prit à l'un de ses camarades une pièce de deux francs; le vol fut découvert, et le coupable obligé de passer en jugement. Une commission, choisie parmi les élèves de l'école, fut chargée de déterminer la punition qu'il devait subir : voici quelles furent les conclusions et les dispositions du jugement.

Art. 1er. Le nommé T..., convaincu du vol d'une pièce de deux francs, est indigne de profiter des leçons de l'école d'enseignement mutuel, destinée à nous donner les moyens d'adoucir notre sort pendant et après notre captivité.

Art. 2. En conséquence, une demande sera faite en notre nom à M. le directeur pour le prier de vouloir bien l'exclure des séances, pour le temps qu'il le jugera convenable.

Art. 3. Nous osons espérer que M. le directeur voudra bien prendre notre demande en

considération, et qu'il nous permettra d'y join-
dre l'expression de notre vive reconnaissance
et de notre respect.

Je crus en effet devoir faire droit à cette demande, et T... fut exclu des séances pour un
mois. Cette punition lui causa une peine si
vive, qu'il en fut malade. Le temps de son exil
expiré, il revint à l'école, où sa conduite fut
des plus régulières, et son application très remarquable.

Les progrès continuèrent long-temps ainsi
dans la prison. A quelque temps de l'époque
de la formation de l'école, plus de cinquante
militaires étaient retournés à leurs régimens
assez instruits pour remplir les fonctions de
sous-officiers.

Il est à remarquer que chaque fois que la
prison de Montaigu recevait des détenus sortant des prisons départementales, il était d'a-
bord difficile de les engager à suivre exacte-
ment les leçons. Ils témoignaient le désir de
s'en faire exempter; l'habitude de ne pas s'occuper utilement était la principale cause de
cet éloignement. Une semblable opposition
m'imposait le devoir d'étudier les caractères

différens de ces individus, pour obtenir, autant que possible, des uns, et exiger des autres, avec la plus grande sévérité, l'obéissance et le respect dont ils étaient presque débarrassés dans les prisons qu'ils venaient de quitter. Pour atteindre ce but important, je n'ai eu besoin que d'être ferme avec justice, empressé à récompenser la bonne conduite des anciens comme des nouveaux élèves, et j'ai eu le plaisir de prévenir les fautes, et non la peine de les punir.

Quant à l'amélioration morale, j'en recueillais tous les jours de nouvelles preuves. Une foule de bonnes actions qu'il serait trop long de citer prouvait que le travail et l'application favorisaient dans le cœur de ces pauvres gens le développement de leurs bons sentimens. Par exemple, les détenus prirent la résolution d'envoyer chaque semaine à leurs camarades qui étaient à l'hôpital le produit d'une petite offrande faite par tous les élèves de l'école. Je me fis un devoir de participer à cet acte d'humanité et je me chargerai de remettre aux prisonniers du Val-de-Grâce les secours de leurs compagnons d'infortune.

Telle était, il faut le dire, la situation de la prison, lorsque l'estimable général Defrance quitta le commandement de la première division militaire : mais quel changement s'est opéré quand nous l'avons perdu! il semblait que tout concourait à renverser ce qui avait été fait de bien. Les leçons de l'école furent fixées à quatre heures du matin, en sorte que je devais me lever à deux heures et demie pour venir les présider. Des ordres diminuaient chaque jour l'autorité nécessaire à mes fonctions, et sans doute le but de ce bouleversement était de me dégoûter de cette place que je remplissais gratuitement depuis trois ans et demi. Mes craintes à cet égard n'étaient que trop réelles, et, par mille moyens indirects et peu dignes d'une administration forte et franche, je vis que mes efforts ne pouvaient plus résister à tant de vexations.

Cependant M. le duc de Doudeauville m'encourageait, par des lettres très pressantes, à ne pas abandonner cette école; M. le duc d'Albuféra avait également la bonté de m'engager à rester assidu; je continuai donc avec le même

empressement, et je redoublai de soins pour
l'instruction de mes élèves. L'amélioration du
caractère de ces hommes m'attachait tellement
à leurs progrès que je passais tous les diman-
ches à la salle de l'école : les uns venaient des·
siner, les autres me demander des avis pour
leurs affaires de famille ; j'écrivais souvent leurs
lettres ; enfin je m'honorais d'être leur intime
conseiller.

C'est alors que j'ai pu apprécier ce qu'il est
possible d'obtenir avec du zèle et de la persé
vérance : l'autorité absolue que j'avais eue et
dont il ne me restait que le souvenir, fut désormais inutile ; mes volontés étaient des ordres : aussi les punitions devinrent-elles extrêmement rares.

On me pardonnera sans doute de parler aussi
longuement de cette école ; mais l'attachement
que m'ont témoigné depuis mon changement
de position ces mêmes prisonniers me fera
trouver grâce, et je manquerais à mon devoir
si j'oubliais de publier tout ce qui peut prouver l'amélioration de leurs sentimens.

Le 30 juillet 1822, deux prisonniers s'évadèrent de Montaigu : les soupçons planèrent sur moi. La police, sur un rapport dont je ne nommerai pas l'auteur, me fit arrêter le lendemain; je fus conduit à la Préfecture de Police, et mis au secret dans une petite chambre de la salle Saint-Martin. J'appris que les démarches les plus actives étaient faites auprès des détenus de Montaigu pour les engager à me dénoncer. A ce moment ils étaient au nombre de 167, dont plusieurs étaient condamnés à des détentions très longues. On promit des grâces, de l'argent; tout fut refusé : pas un homme ne voulut accepter le rôle de dénonciateur. On devinera aisément combien je fus sensible à cette marque de souvenir et de religieuse affection.

Je donnerai dans un autre lieu la relation fidèle de cette évasion, qui m'a valu un séjour de trois mois dans la prison de la Force.

En définitive, le bâtiment de la prison de Montaigu est assez bien situé, mais la disposition de ces localités n'est pas en rapport avec sa destination; aussi les évasions y sont assez fréquentes.

Un poste de la garnison en a la garde; il y a

en outre un portier, un concierge, deux gui-
chetiers qui sont chargés de la surveillance intérieure. Des ateliers ont été organisés par des
fabricans qui ont passé des marchés avec l'administration. Un sous-maître surveille constamment dans chaque atelier les travaux des
détenus. Le concierge a un greffier chargé des
écritures, et quelquefois un des détenus s'occupe avec lui de ce travail.

Les chambres sont toujours très propres et
les lits assez bons, mais les détenus couchent
deux ensemble. On a organisé les prisonniers
comme une compagnie, dont les sous-officiers
sont pris parmi les plus anciens et les plus honnêtes. Cette mesure serait très bonne si les
hommes ne pouvaient se procurer une trop
grande quantité de vin ou d'eau-de-vie, car
étant dans un état d'ivresse, le service qui leur
est confié devient le sujet de querelles souvent
très dangereuses : j'ai remarqué à cet égard que
les élèves de l'école étaient beaucoup plus difficiles à commander le *lundi* que les autres
jours.

La cantine est tenue par le concierge, et jamais on n'a pu obtenir de régler ce qui serait

vendu d'eau-de-vie et de vin à chaque détenu, aussi le dimanche offre toujours un spectacle affligeant. Les denrées sont en général vendues fort cher, quoique de mauvaise qualité. Pour remédier aux inconvéniens graves que présente cet état de choses, il faudrait retirer au concierge les fonctions de cantinier, qui ne peuvent s'allier avec les devoirs de son emploi; alors, quand il n'aurait plus d'intérêt à laisser les détenus s'enivrer, il inspecterait la vente des boissons, et deviendrait l'utile ennemi de l'ivrognerie et des excès qui en sont la suite naturelle. Ces observations s'appliquent également à la nourriture des détenus, que le concierge fournit par entreprise.

Le reste de l'administration mérite des éloges.

La cour de la prison est belle; les détenus s'y promènent deux heures par jour entre les travaux.

Deux médecins visitent alternativement tous les jours les prisonniers.

Le cachot est un petit souterrain fermé par deux grosses portes; il faut descendre vingt-huit marches pour y arriver; et comme il est

tout-à-fait privé d'air, il est très humide et malsain. La salle de police est au rez-de-chaussée,
à côté de la salle où était l'école; depuis la réforme de l'enseignement mutuel on en a fait
une chapelle.

Les punitions doivent fixer toute notre attention, car elles ont une grande influence sur
le moral des prisonniers et sur leur avenir. Le
plus grand vice sous ce rapport, est que l'arbitraire les fixe à ses mille fantaisies, et souvent
très injustement. La vanité, ce défaut si commun aux fonctionnaires obscurs ou puissans,
principalement chez ceux qui commandent à
de pauvres esclaves, produit fréquemment ces
inconvéniens. Une légère faute sera punie
comme une tentative d'évasion, une désobéis-
sance comme un complot dangereux : aussi
combien de fois les hommes sont-ils excités à
se révolter! car partout où l'injustice pénètre,
la morale, la discipline, perdent leurs droits.
Remarquons la position de nos infortunés
captifs abandonnés à deux furies, le pouvoir *absolu*, suivi de *l'arbitraire*, manquant
de consolation, d'espérance, gémissant sous
le poids d'un avenir menaçant, se traînant

avec désespoir sur les gonds, les verrous, les chaînes, et supportant mille autres privations douloureuses! L'homme est né pour être libre, il ne peut oublier ce droit divin, et l'idée qui lui rappelle sa captivité lui donne un esprit d'opposition pour tout ce que les agens des prisons veulent exiger. Son esprit est donc naturellement aigri, malade, son moral est affecté vivement; et c'est à un semblable malheureux que l'on voudrait commander en injuste *tyran!* Il faut au contraire que la conduite des gens chargés de ce fardeau inspire le respect, l'attachement : alors on fera du prisonnier, sans qu'il s'en doute, un homme soumis, aimant, et dont les sentimens deviendront de jour en jour plus affectueux.

J'ai bien souffert en voyant de braves soldats, condamnés pour indiscipline à rester dix et vingt ans en prison, être menés comme des malfaiteurs. Je citerai seulement un nommé Poussard, condamné à mort, et dont le roi avait commué la peine en vingt ans d'emprisonnement, qui a été au secret à l'Abbaye pendant fort long-temps pour avoir refusé de travailler, et qui, n'ayant pas cédé, a été trans-

féré à Bicêtre, où un infâme traitement lui
était réservé. Ce soldat avait beaucoup d'instruction, était d'une bonne famille, et demandait à s'occuper à écrire pendant sa longue
détention. La santé faible de cet homme n'a
pu résister au séjour de Bicêtre. Il m'a écrit;
j'ai fait toutes les démarches imaginables
pour le faire revenir à Montaigu; je n'ai pu
réussir; la mort seule l'a délivré de ses souffrances...

Je ne justifie pas son obstination, mais,
hélas!, devait-on prendre un parti aussi violent!... Je ne veux pas arrêter le lecteur sur de
semblables tableaux... j'affirmerai toutefois
que sur vingt soldats condamnés à de si longues peines, et traités comme ce pauvre Poussard, pas un seul ne survivra... La mort sera
plus humaine que les hommes, en les retirant
de leurs cachots: ainsi la clémence royale,
qui croit rendre la vie, ne fait que suspendre l'exécution, qui devient dix fois plus
terrible. Il est encore un genre de punition
qui, sans être aussi coupable, devrait ne pas
s'employer.

Cette punition consiste à mettre les hommes

pour quatre jours au cachot, *au pain et à l'eau*, et n'ayant pour lit qu'une botte de paille jetée sur la terre. Je sais qu'il faut souvent être très sévère, mais le tout dépend de la manière dont on commande et de ce qu'on veut obtenir des prisonniers. J'ai vu souvent de ces pauvres gens être obligés, après un jour passé au cachot, de demander au docteur d'aller à l'hôpital, étant véritablement très malades.

La prison de Montaigu n'existera bientôt plus qu'en souvenir. Elle va être remplacée par le château de Saint-Germain, où seront désormais dirigés les militaires qu'elle était destinée à renfermer.

Nous ne pouvons, à cette occasion, nous empêcher de déplorer la malheureuse voie où s'engage l'administration sous ce rapport. Certes, la prison de Montaigu présente des inconvéniens véritables et des abus révoltans; elle est peu susceptible d'améliorations, c'est une vérité incontestable. Il fallait choisir un nouveau bâtiment pour y envoyer les condamnés militaires : c'est ce que nous n'avons cessé de demander.

Mais ce que nous ne demandions pas, ce

qu'il n'est jamais entré dans la tête d'aucun
homme de sens de demander, c'est qu'on sa-
crifiât à la manie des prisons les plus beaux
monumens de notre histoire; c'est qu'on fît
d'un lieu célèbre et illustré par des faits dont
s'enorgueillit l'honneur national, un asile de
punition et de repentir.

De quel nom qualifier des préoccupations
semblables? A-t-on le droit, sous prétexte
d'utilité publique, de violer de nobles sanc-
tuaires et d'anciens trophées? Les monumens
historiques portent avec eux un caractère de
sainteté et de religion qui devrait les protéger
contre le vandalisme, de quelque nature qu'il
soit, de quelque part qu'il vienne. Il y a dans
une nation comme dans un homme deux portions bien distinctes : l'une physique, l'autre
morale. La première est celle qui réunit l'intérêt matériel, les besoins fondamentaux, tout ce
qui se rapporte à la solidité, à la durée, à l'a-
venir. La seconde, qui, pour être plus frivole,
n'est pas moins indispensable à son existence,
est cet honneur général dont chacun s'adjuge
une part, cet honneur qui vient du pays et re-
tourne au citoyen, cet honneur qui s'alimente

des souvenirs, de la gloire, de la grandeur de
la terre natale, et que la patrie lègue à tous les
enfans qui naissent de son sein.

Au gouvernement donc à conserver toutes
ces gloires, toutes ces grandeurs ; il ne lui appartient pas plus d'en détruire la trace sur la
terre, qu'il ne lui est possible d'en effacer le
souvenir dans la mémoire des hommes.

Le château de Saint-Germain est un de ces
monumens historiques dont je veux parler. Il
est du petit nombre de ceux dont les murs sont
pour les visiteurs autant de feuillets de notre
histoire, et sur les créneaux duquel la hache
ne saurait tomber sans rappeler celle qui tomba
jadis en Angleterre sur la tête blanche du vertueux comte de Kent. En se dépouillant même
de toute idée enthousiaste et en raisonnant de
sang-froid, l'ancienne destinée du château de
Saint-Germain ne hurle-t-elle pas avec la destinée moderne qu'on lui impose ? Qui mettra-
t-on sous ces voûtes sacrées, illustrées par le
temps, la noble hospitalité de Louis-le-Grand
et les pleurs de l'infortuné Jacques II ? . . .

Du reste, cette manie de transformer en prisons les bâtimens les plus inoffensifs n'est pas

toute nouvelle. L'ombre de Catherine de Médicis n'en a pas préservé le Luxembourg.

Pour en revenir à l'intérêt des détenus, ils ne pourront que gagner au change, car, je le répète, Montaigu n'était convenable sous aucun rapport.

L'école d'enseignement mutuel a été supprimée sous la restauration, et depuis 1830, on n'a pas pensé à la réorganiser; nous appelons sur ce fait toute l'attention de M. le maréchal ministre de la guerre.

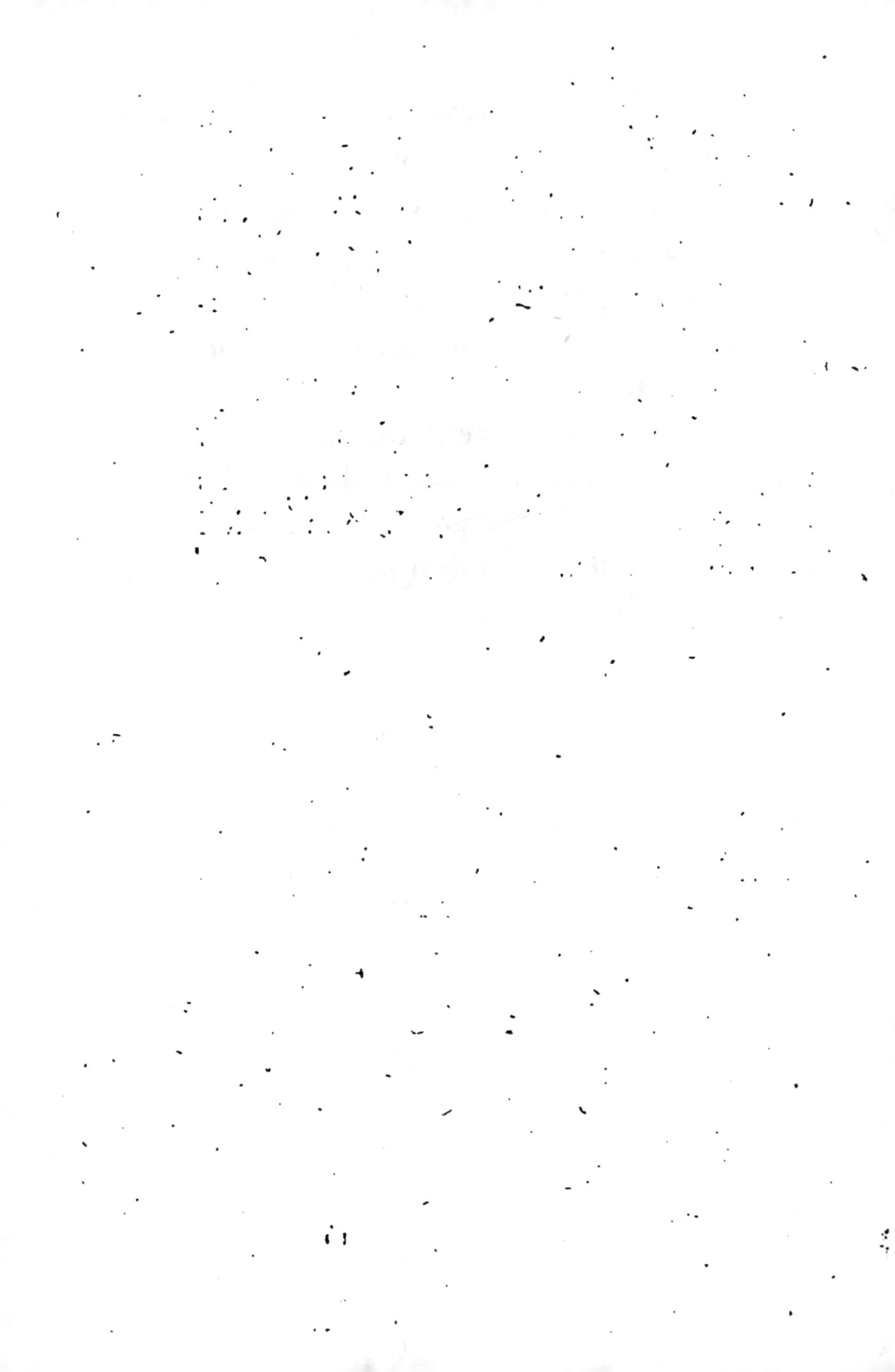

Chapitre Dix-neuvième.

DÉPOT DE RÉPRESSION DE SAINT-DENIS.

✳

Le but de la fondation de cette prison est de recevoir les malheureux arrêtés comme vagabonds, ou les enfans trouvés dans les rues, sans parens ni tuteurs. Sous ce point de vue elle pouvait être d'une très grande utilité, et c'était une idée heureuse que de réunir sous les yeux de l'administration des hommes, mourant de faim, ou des énfans délaissés et abandonnés de tout le monde.

La situation physique et morale de ces pauvres méritait des soins qui seuls pouvaient les rendre susceptibles de rentrer dans la société d'une manière utile et honorable. Le *travail* et l'*instruction* étaient le remède le plus efficace; il fallait surtout diviser les reclus par âge, et leur donner un genre de vie approprié à leurs besoins et à leur triste situation. L'émulation, cet auxiliaire de toutes les bonnes actions, devait être employée, et devenir ensuite le puissant moteur des travaux et de l'éducation morale et religieuse des détenus. Les hommes chargés de les surveiller et de les instruire devaient être choisis par l'autorité avec un scrupule rigoureux; leurs gages devaient les placer au-dessus de l'envie de chercher à bénéficier sur le produit du travail ou de la somme allouée par le gouvernement pour chaque reclus. La nourriture et le coucher, sans être trop coûteux, devaient au moins suffire aux besoins des prisonniers; les habits, le linge, les dortoirs et les ateliers, assez propres pour conserver la santé. Tels étaient, suivant notre opinion, les principes qui devaient présider à l'organisation de cette maison.

Voyons maintenant quel est l'état actuel du dépôt de répression, qu'on pourrait plutôt nommer *dépôt de corruption*.

Le bâtiment est peu favorable à sa destination; les chambres et les ateliers sont malpropres; les dortoirs sont assez bien tenus, mais les lits auraient besoin d'une couverture de plus en hiver. Les détenus ne couchent pas toujours seuls, grave inconvénient.

Les travaux ne sont pas assez assidus, et le gain laissé aux prisonniers par l'entreprise est vraiment une dérision; car les hommes ou les femmes, excepté les couturières, ne reçoivent que deux sous par jour; deux autres sous sont placés à la caisse d'économie, pour être remis aux détenus lorsque le préfet de police juge convenable de leur accorder leur liberté : aussi c'est toujours avec répugnance et lenteur que les reclus travaillent. Ajoutons encore à cette observation que souvent l'entrepreneur laisse les prisonniers sans occupation : de là naissent un dégoût et un éloignement pour le travail, qui entretiennent, s'ils n'excitent pas, la fainéantise assez ordinaire des malheureux arrêtés pour vagabondage ; aussi, loin d'habituer les hommes à l'activité, on les laisse tomber dans un abattement et une mollesse qui, lors de leur mise en liberté, les rendront plus paresseux qu'ils n'étaient avant leur emprisonnement : ils auront de plus, en compensation, des vices, et le désir de vivre sans se gêner par le travail. Une remarque déplorable, c'est que la plupart des individus sortis du dépôt de Saint-Denis volent après leur mise en liberté, et sont arrêtés, jugés et conduits, soit dans des maisons centrales de correction, soit aux bagnes. Quelle importante observation, quel triste sujet de méditation, quelle honte pour ceux dont la seule volonté pourrait faire cesser un si douloureux spectacle !

Les enfans sont en grand nombre, et très peu soignés sous le rapport de la propreté : ils sont distraits et malhonnêtes. Leurs gardiens sont des reclus ignorans et incapables de les habituer à l'obéissance et à une tenue décente. Ces pauvres créatures passent tout le jour avec les autres détenus : fort peu travaillent, et ils sont obligés de rester dans les cours, où il fait très froid.

La ration de bois pour les ateliers est composée de six petits morceaux qui, réunis, ne valent pas une bûche ordinaire; aussi les détenus se plaignent, chaque jour de l'hiver, de l'humidité qu'ils supportent.

La nourriture devrait fixer l'attention de l'autorité; elle se réduit à une livre et demie de pain, un mauvais bouillon et une cuillerée de légumes ou un petit morceau de viande.

Le linge est très gros, et souvent trop longtemps sans être changé; il paraît que le magasin n'en contient pas assez pour éviter ce retard, qui, du reste, est très nuisible à la santé et à la propreté des reclus.

En visitant le dépôt de Saint-Denis, on est vivement frappé de l'aspect que présente une salle au rez-de-chaussée, seulement pavée, et contenant des vieillards paralytiques. L'humanité ne devrait-elle pas imposer à l'autorité le placement de ces malheureux dans un hospice, ou du moins dans une chambre saine et aérée?

Je fis un jour une question au gardien sur ce sujet. Il me répondit naïvement que tant de peine n'était pas nécessaire pour des gens pareils, et que s'ils étaient mieux traités ils vivraient trop long-temps!

Chapitre Vingtième.

LES MADELONNETTES.

✻

Destinée autrefois aux filles publiques, la prison dite des Madelonnettes est l'une des maisons de détention de la Seine sur laquelle il y a le moins à dire.

Le jour de ma visite le nombre des détenues s'élevait à six cent six ; mais comme les muta-

tions étaient très fréquentes dans cet établissement, il serait difficile d'indiquer un terme
moyen. En général, les cellules, qui la plupart
renfermaient plusieurs lits, étaient propres.

Les deux infirmeries des vénériennes étaient
très bien tenues, et à peu près exemptes de
tout reproche. Ces infirmeries contenaient un
sixième de la population de l'établissement.
L'occupation du plus grand nombre des femmes
malades consistait à faire de la charpie nécessaire à leur pansement. Celles qui savaient
lire avaient entre leurs mains des ouvrages de
piété.

L'infirmerie des fiévreuses renfermait peu de
malades; cette salle était moins bien que celles
des vénériennes, mais cependant assez bien
tenue. On doit des éloges aux dames chargées
de la surveillance de ces trois infirmeries, ainsi
qu'au docteur Jacquemin, dont le zèle est toujours actif.

Les cachots des *Madelonnettes* sont dans la
partie la plus élevée de la maison; il serait à
désirer pour le bien de l'humanité que dans les
prisons l'on comblât tous ceux qui, placés au-

dessous du sol, ne peuvent être qu'humides et malsains.

Trois vastes ateliers réunissaient la plus grande partie des prisonnières non malades. Elles y étaient employées à des ouvrages de couture et à la confection des cardes. Le prix qu'elles pouvaient retirer de ce travail s'élevait, terme moyen, de quarante à cinquante centimes, dont il leur était remis un tiers, un second à la masse, et le troisième à l'entrepreneur.

Aujourd'hui cette maison est spécialement destinée aux jeunes détenus, et les femmes qu'elle contenait ont été envoyées à Saint-Lazare.

La prison des jeunes détenus est une des maisons les mieux tenues de Paris. Une école d'enseignement mutuel y a été établie, et tous les jours on s'applaudit des progrès qu'elle ne cesse d'y introduire.

Sa majesté la Reine, toujours pleine de sollicitude pour le malheureux dont le sort a besoin d'être adouci, accorde mensuellement à cet établissement un secours spécialement destiné à y favoriser les bienfaits de l'instruction.

Dirigée d'après les principes du système pénitentiaire, cette maison, grâce aux soins éclairés de son directeur, a déjà pu faire apprécier
les heureux résultats que pourrait produire ce
mode d'emprisonnement appliqué à des établissemens plus considérables et suivant des
vues plus larges et plus étendues.

Chapitre Vingt-unième.

PRISON DE SAINT-LAZARE.

*

Le bâtiment auquel on a donné le nom de
Saint-Lazare et dont on a fait une prison, n'est
autre que l'ancien couvent fondé par saint
Vincent de Paule, et d'où cet illustre philantrope a conçu et mis à exécution ses vues si
utiles à l'humanité.

La prison est divisée aujourd'hui en plu-

sieurs sections, qui contiennent, l'une les détenues pour dettes, l'autre les filles publiques, une
autre les voleuses condamnées pour récidive à
de longues réclusions. Les travaux de la maison sont de tout temps fort actifs et obligatoi-
res pour toutes les prisonnières, quel que soit
le motif de leur peine.

Il serait vraiment à souhaiter que l'on don-
nât une cellule particulière à chaque femme et
qu'il y eût plus d'ateliers. De cette manière on
ne serait pas forcé d'entasser ensemble toutes
ces malheureuses, sans choix, sans distinction
aucune, et l'on pourrait aisément établir une
sage division entre les différens degrés d'immoralité. Il est difficile de se faire une idée du
progrès que ne cesse de faire le mal dans ces
dangereuses réunions d'êtres entièrement dé-
pravés avec d'autres qui conservent encore un
sentiment de honte ou que déchire le remords.
Ce mélange est une barrière insurmontable
pour le retour au bien. Et pourtant, on ne peut
pas dire que le mal soit sans remède : car au
milieu de ces femmes dégradées qui ont dépouillé les derniers restes de cette pudeur si
noble et si louable qui fait l'honneur de leur

sexe, il s'en trouve quelques unes qui rachètent l'ignominie du corps par le repentir de l'âme, et qui versent plus de larmes sur leurs débauches, que leurs débauches ne leur ont procuré de plaisirs. Elles n'en sont pas moins coupables, il est vrai; le vice ne les a pas moins conduites de dégradation en dégradation jusqu'au fond des cachots; mais n'est-il pas barbare de mêler la créature repentante avec celle entièrement criminelle? N'est-ce pas confondre les jeunes malades avec les incurables, les fiévreux avec les pestiférés?

En général, et nous le disons avec un profond sentiment de tristesse, le retour au bien est, proportion gardée, beaucoup moins fréquent chez les femmes que chez les hommes. Ce qui doit rendre cette vérité moins désolante, c'est qu'aussi il y a généralement plus de prisonniers que de prisonnières. Un pareil état de choses a sa source dans la nature même de l'homme et de la femme. L'homme, plus audacieux, plus entreprenant que la femme, se livre presque toujours aux impulsions de son caractère, sans obstacle extérieur, sans réflexion intime. Une fois qu'il a failli, il peut reconnaître qu'il a commis une erreur, qu'il s'est trompé de route, et rentrer, à force de soins et de volonté, dans la voie qu'il n'aurait jamais dû quitter. Sa faute a été une exception, il la répare facilement : car il peut n'avoir agi qu'avec ses bras et sa tête, et non avec son cœur.

La femme, au contraire, plus circonspecte, plus concentrée en elle-même, est entourée par l'opinion, les convenances sociales d'un cercle fatal qu'on lui défend de franchir et qu'on l'a habituée à respecter comme son ancre de salut. Les séductions ne tardent pas à se presser autour d'elle, et à briller à ses yeux de tout l'attrait des faux plaisirs : elle résiste long-temps. Faible de caractère comme de corps, elle combat pied à pied et combat ainsi long-temps. Pour elle, l'honneur est véritablement l'*île escarpée et sans bords* du poète. Aussi lutte-t-elle autant qu'elle en a la force et le pouvoir. Mais malheur à elle si elle succombe! Les défaites chez elles sont aussi fréquentes et aussi honteuses que ses combats ont été nombreux et sublimes. Ses organes moraux une fois fatigués et brisés, la paresse et l'insouciance envahissent son imagination, et elle commet la deuxième et la troisième fautes, uniquement parce qu'elle a commis la première.

Mais ce n'est pas une raison pour abandonner les femmes coupables à elles-mêmes. Plus frêles, plus délicates que l'homme, elles ont un plus grand besoin de son appui et de ses consolations. La mission de l'homme est de protéger la femme dans la société : ce n'est pas quand elle est malheureuse et repoussée du monde qu'il doit refuser de lui tendre la main pour l'aider à reconquérir l'estime qu'un moment d'oubli a suffi pour lui arracher.

La source de la perversité chez les femmes du peuple est surtout la tolérance à la faveur de laquelle se soutient la prostitution. Quand de malheureuses filles ont épuisé tout moyen d'existence honnête, et ont vainement cherché un remède à leur misère, la prostitution est là qui les attend, qui les appelle, gouffre infect et profond qui ne rend jamais ses victimes.

Et n'est-ce pas ici le lieu de déplorer amèrement la facilité avec laquelle les parens de la province laissent souvent partir pour Paris une pauvre jeune fille, comptant imprudemment sur un travail douteux et un gain problématique ?

Seule, abandonnée de ceux dont le devoir était de veiller sur elle, que fera cette faible enfant quand on lui refusera le nécessaire, quand la faim viendra frapper sans pitié à la porte de sa mansarde? Que fera-t-elle, lorsque, séduite par les promesses d'un débauché, elle se retrouvera solitaire, accablée sous le poids de sa honte et de son déshonneur? Deux portes lui sont ouvertes : la prostitution et la mendicité.

Oh! alors, le choix n'est pas douteux. Les règlemens de police tolèrent l'une et défendent l'autre. Une fois le pas franchi, plus de considération, plus de souvenir qui l'arrête. Elle s'est mise en dehors du monde, elle a rompu avec la société. Qui l'empêche maintenant de commettre des crimes, de se faire la complice des plus grands coupables? qui l'empêche d'entretenir des rapports avec des voleurs ou des assassins? ils ne sont pas placés plus bas qu'elle sur l'échelle sociale.

La perversité chez la femme du peuple est presque toujours produite par une influence supérieure à sa volonté. L'essentiel serait donc de donner une bonne direction à son caractère naturellement doux et flexible. Il faudrait aussi présenter à la paresse, à l'oisiveté, le moins d'encouragement possible. On n'arrivera à ce but qu'en multipliant en France les ateliers de travail pour les femmes, et surtout en renfermant la prostitution, cause de tant de maux, dans des limites plus resserrées, et en la soumettant à la surveillance la plus active et la plus sévère.

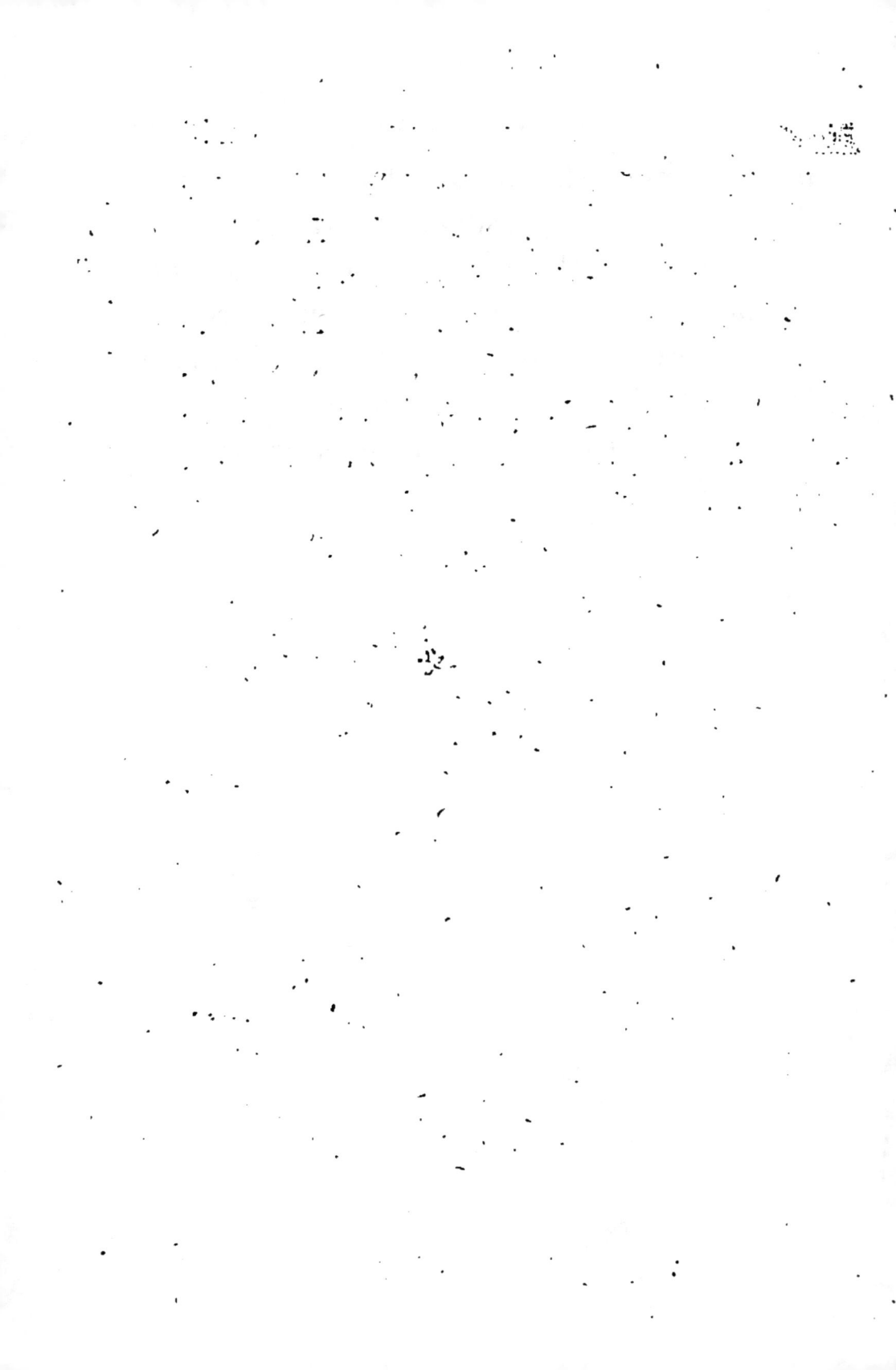

DEUXIÈME PARTIE.

PRISONS DES DEPARTEMENS

ET

DE L'ÉTRANGER.

Voyages.

—

Chapitre Premier.

*

La restauration , quoique engagée dans la route dangereuse de l'arbitraire qui l'a perdue, laissait cependant encore aux amis de l'humanité la faculté de signaler ou d'exécuter le bien, et de confirmer par la pratique les théories qu'ils essayaient de propager. C'est à cette époque que je formai le projet de visiter suc-

cessivement les prisons les plus importantes
du royaume, dans le double but de reconnaître
les vices des localités, et de porter quelques
consolations au milieu de ces tristes récepta-
cles de la misère et du crime. Je suis obligé d'a-
vouer que si plus d'une fois j'ai dû me féliciter
de l'accueil que me firent les infortunés que je
rencontrais dans le fond des cachots, et de l'al-
lègement que je parvenais souvent à apporter
à leurs peines, je n'ai pas été aussi heureux dans
les réclamations que je ne cessais de faire en
leur faveur auprès de l'administration, et c'est
avec un regret profond que je dois déclarer
que les abus et les inconvéniens sans nombre
dont je me plaignais alors existent aujourd'hui,
à quelques exceptions près, tout aussi entiers,
tout aussi déplorables.

Les prisons de France, abandonnées pour
ainsi dire à elles-mêmes depuis si long-temps,
étaient enfin devenues l'objet de la sollicitude
des philantropes : on avait compris que les
erreurs des hommes ne pouvaient sous aucun
prétexte servir d'excuse à l'inhumanité du châtiment, et que les vues de la loi étaient trop
souvent outrepassées par les agens chargés de

son exécution. On avait d'ailleurs sous les yeux l'exemple donné par une nation à la fois notre voisine et notre rivale; les bienfaits répandus dans les retraites de la douleur par l'illustre Howard avaient allumé dans plus d'un cœur une noble émulation dont les fruits ne se firent pas attendre. On s'occupa de la régénération des prisons, et si cette œuvre dont l'intention était si louable a été si pauvre en résultats, il faut l'attribuer au manque de temps et considérer surtout qu'elle a été précisément interrompue au moment où elle commençait à recueillir le peu de bien qu'elle avait semé.

Le Conseil royal des prisons, dont l'existence a été oubliée depuis 1830, avait sous la restauration toutes les chances de succès désirables. Placé, par sa position élevée et indépendante, en dehors de toutes les agitations politiques et renfermé volontairement dans le cercle si vaste des progrès de l'humanité, il ressemblait assez à une chambre parlementaire, où les questions les plus embrouillées se simplifiaient par la discussion, où le ministre de l'intérieur pouvait être sommé de répondre sur tel ou tel abus désigné par l'un des membres de la société. Ses prérogatives ne se bornaient pas là. Les directeurs de prisons, les simples agens de l'autorité, les concierges les plus obscurs des maisons de détention, étaient soumis également à son influence : un membre du Conseil royal avait le droit, lorsqu'il le voulait et sans être annoncé, de se faire ouvrir les prisons, de les examiner dans leurs moindres détails, et de faire sur leur bonne ou mauvaise tenue des rapports circonstanciés qui devaient être présentés aux lumières et à la délibération du Conseil. Il est donc incontestable que ce mode de surveillance était le plus commode et le plus avantageux pour une autorité qui aurait constamment désiré voir éclairer sa religion sur les abus dont gémissent les détenus en France. Car de cette manière seulement la vérité était facile à découvrir. Les visites officielles, prévues par les directeurs de prisons, n'atteindraient jamais à ce résultat : il y a pour l'arrivée de l'agent du gouvernement mutation complète dans toutes les parties du service. Ce jour-là la propreté règne partout, la nourriture a subi une réforme momentanée, et le délégué de l'administration, après s'être acquitté de son devoir, rapporté à ceux qui l'ont envoyé que des renseignemens inexats.

Voyons maintenant quel pouvait être l'effet moral de ces visites spontanées et volontaires sur l'esprit des pauvres condamnés? Comment recevaient-ils dans l'obscurité de leurs cachots ce rayon de jour que rien ne leur avait annoncé? Il faut le reconnaître, ce bonheur imprévu, cette attention si naturelle par elle-même leur semblaient un effet de la bonté du ciel, et ils oubliaient un instant leur infortune en se figurant qu'ils n'étaient pas encore tout-à-fait abandonnés sur la terre. Ces hommes qui venaient les voir n'étaient là ni pour les espionner, ni pour leur arracher la révélation de leurs crimes : leur mission était tout entière de paix et de consolation. Ils écoutaient avec joie leurs conseils, et ils se sentaient plus disposés à obéir à la voix qui les exhortait doucement au nom du bien et de l'humanité, qu'à celle qui leur commandait en vertu d'une autorité supérieure. Il faut dire également que l'influence des membres du Conseil royal des prisons se faisait remarquer souvent dans la rédaction des tableaux de grâces adressés au ministre de la justice, et c'était encore là un des puissans motifs propres à introduire de grandes améliorations dans la conduite des détenus.

Tant de chances de succès, tant de garanties morales, tant d'avantages réunis, n'ont pourtant pas suffi pour sauver cette excellente institution d'un oubli et d'une indifférence dont il est difficile de prévoir le terme. On s'occupe bien encore de la réforme de l'emprisonnement et de la révision du code pénal; mais, il faut en convenir, les écrits abondent, les utopies se succèdent, il y a beaucoup de raisonnemens et peu de faits : on discute et on n'agit point. Pendant ce temps, les prisonniers souffrent, le mal devient plus grand, et quand on se réveillera de cette apathie si coupable, puisqu'elle n'existe qu'aux dépens d'une classe de malheureux, on retrouvera plus déplorables et plus enracinés les abus que d'anciens efforts étaient déjà parvenus à battre en brèche.

Nous nous proposons, au reste, de donner dans un chapitre spécial de plus longs renseignemens sur l'ancien Conseil royal des prisons, sa composition, ses travaux, et le bien qu'ils

ont produit dans toute la France, et nous es-
sayerons de dresser un plan succinct des vues
et des bases d'après lesquelles on pourrait, à
notre avis, procéder à sa réorganisation.

Chapitre Deuxième.

*

Les prisons départementales sont généralement mal construites et mal tenues. Placées sous la surveillance peu active d'un préfet, ou d'agens subalternes, elles sont quelquefois livrées à l'arbitraire de leurs directeurs, et si des exceptions, honorables pour ces derniers, se rencontrent pourtant, et doivent être signalées, l'incurie de l'administration, n'est pas moins cause de leur mauvaise tenue ou de leur peu de salubrité.

Pour bien connaître les abus et les vexations qui augmentent le malheur des prisonniers, il faut avoir habité soi-même ces lieux de douleur et d'ennui; il faut, pour apprécier toutes les privations que supportent les détenus, avoir une parfaite connaissance des tracasseries de mille espèces dont ils sont abreuvés. L'homme libre ne peut se faire une juste idée des souffrances multipliées qui accablent le prisonnier, surtout lorsqu'il n'est que prévenu. Ainsi, c'est dans le moment où la tranquillité d'esprit nécessaire à sa défense lui est indispensable qu'il est le plus maltraité. N'est-ce donc pas une grande iniquité que de punir par anticipation un homme qui n'est pas reconnu coupable, et qui souvent est victime de soupçons ou de calomnies injustes? et, en supposant même sa culpabilité, le temps qu'il aura passé en attendant son jugement ne comptera pas sur celui qu'il sera condamné à faire lorsque la justice aura prononcé son arrêt. Comment peut-on excuser cette inconcevable mesure? pourquoi les pré-

venus sont-ils encore plus mal que les condamnés? de quel droit punir des hommes d'une
faute dont ils sont innocens?

Et d'ailleurs, n'y a t-il pas dans l'application
matérielle de l'emprisonnement une gradation
sur laquelle on devrait fixer le degré de sévérité à employer contre le coupable présumé ou
reconnu?

En première ligne vient le bagne pour les
condamnés aux travaux forcés. Ensuite les
maisons centrales pour les condamnés à la réclusion; les maisons de détention pour les condamnations non infamantes; les maisons d'arrêt ou de justice destinées aux prévenus ou
accusés; enfin, les prisons de passage pour les
prisonniers en voyage. C'est donc le comble de
l'injustice que de traiter indistinctement, et
de la même manière, les détenus de ces différentes maisons. Chacune d'elles a un caractère
particulier, et leur régime devrait être en rapport avec la destination qui leur est imposée.
Je ne puis m'empêcher de dire que cette vérité
si simple et si incontestable semble n'avoir pas
été comprise, si j'en juge par les prisons des

provinces, où cette distinction si importante et si juste n'est que rarement observée.

ORLÉANS.

La prison d'Orléans est on ne peut mieux disposée sous les rapports de sûreté ou de salubrité. Un asséz grand nombre de détenus des deux sexes peuplent ordinairement cette maison. Les hommes sont séparés des femmes ; mais les *passagers*, les *prévenus*, les *gens pour dettes*, et les *condamnés* sont ensemble. Les détenus ne travaillent pas. Il faut remarquer, en outre, que les jeunes prisonniers passent tout leur temps avec les condamnés plus âgés : est-il un plus grand danger pour ces malheureux enfans? Telle était ma réflexion, lorsque je vis un petit garçon (de six à sept ans) parmi les hommes qui m'entouraient. Croyant qu'il était en mon pouvoir d'améliorer son sort, je demandai avec empressement au concierge ce qui avait causé l'emprisonnement de ce pauvre enfant; j'appris qu'on l'avait trouvé dans la rue ne sachant où aller, et qu'en attendant son placement dans un hospice, on le retenait prisonnier. Cette réponse me fit prendre encore plus d'intérêt à ce jeune orphelin. Je lui adressai plusieurs questions ; il répondit de manière à exciter mon intérêt, et avec des expressions attendrissantes, pour me faire connaître la peine qu'il ressentait d'être ainsi renfermé. Cet enfant avait pour protecteur et principal compagnon d'infortune un homme très criminel, et bien capable de le corrompre. J'avoue que mon indignation était à son comble. En ce moment les détenus me témoignèrent le vif désir qu'ils avaient de s'instruire et de travailler pendant leur captivité. Dans ce nombre se trouvaient plusieurs prévenus attendant depuis assez long-temps leur jugement. Un des cachots était la demeure d'un Suisse qui devait être fusillé ; plus loin, un pauvre jeune homme, condamné à douze ans de boulet, s'occupait à modeler en plâtre une vierge destinée à la chapelle de la prison. Le dernier détenu que je vis était un homme âgé de vingt-quatre ans, ayant assassiné et avoué son crime ; il était père de quatre enfans jeunes encore, et qui n'existaient que par son travail.

BLOIS.

La prison de Blois renferme, comme celle d'Orléans, un assez grand nombre de détenus pour y établir des ateliers et une école d'enseignement mutuel. Les prisonniers ne sont pas mieux classés que dans la précédente. La maison est très bien tenue; la nourriture des prisonniers est préparée avec soin; le pain est bon. J'ai remarqué dans un des cachots un homme condamné à mort, qui devait être exécuté quelques jours après. Il s'occupait à lire dans un livre de prières. Ce malheureux avait passé cinq pièces de 50 centimes fausses, et si mal imitées qu'on ne pouvait les méconnaître. Suivant toute apparence, l'ignorance seule du crime qu'il commettait l'avait entraîné; car il a déclaré tout de suite sa faute, en recommandant aux juges sa femme et ses enfans en bas âge. J'ai été touché par le récit de ses malheurs et des regrets qu'il emportait en mourant. Après un assez long entretien, je quittai ce pauvre homme, en recevant de vifs remerciemens pour l'intérêt que je prenais à son sort.

Cette expression de reconnaissance ne fut pas sans prix à mes yeux, puisqu'elle était une preuve de son repentir; et je me trouvais heureux de pouvoir soulager pour quelques instans la douleur de cet infortuné père de famille.

A quelques jours de là, je visitai la prison de Loches. Elle est fort grande et curieuse par son ancienneté; elle pourrait, avec quelques réparations, loger deux cents détenus. Il s'y trouve plusieurs chambres souterraines qui contenaient, avant 1790, les instrumens nécessaires à la torture. Une chambre assez belle porte le nom du *duc de la Force*, qui, dit-on, y fut amené dans une cage de fer. Ce monument offre un aspect imposant par son élévation et sa solidité. Il serait facile de réunir dans cette maison un grand nombre de détenus, auxquels on apprendrait des états, à lire, écrire et compter.

CHATILLON-SUR-INDRE.

Il existe à Châtillon-sur-Indre une prison destinée aux détenus passagers qui se rendent dans d'autres maisons d'arrêt. Elle est de peu d'importance.

CHATEAUROUX.

Celle de Châteauroux est petite, mal construite et insalubre. L'air n'y pénètre que par de très étroites ouvertures. Elle ne contient jamais plus de douze à trente hommes.

Lors de ma visite, quatorze hommes y étaient renfermés. Dans ce nombre se distinguaient un enfant de 13 ans et un vieillard de 80 ans : ce dernier paraissait peu affecté de son emprisonnement, et trouvait même *que c'était pour lui un moyen d'existence.* On peut apprécier l'inconvénient de laisser un prévenu de treize ans habiter avec un semblable prisonnier, et recevoir ses leçons. Cet homme a passé les trois quarts de sa trop longue vie dans la corruption la plus complète : combien doit-on craindre que cet enfant ne contracte, en attendant son jugement, l'habitude du vice; et la liberté ne lui sera plus utile que pour mettre en pratique le dangereux exemple et les malheureux avis qu'il aura reçus.

TOURS.

La prison de Tours, autrefois mal dirigée, a subi successivement un grand nombre d'améliorations auxquelles la Société Royale des prisons n'a pas été étrangère. Les hommes sont beaucoup mieux couchés que dans les prisons dont nous venons de parler.

Leur conduite est généralement régulière, et chacun y donne l'exemple de l'obéissance. J'allais me retirer lorsque je vis dans la cour un prisonnier qui enseignait à lire à plusieurs de ses camarades. Un autre faisait la lecture à haute voix au milieu de la foule attentive des détenus. Cette occupation me sembla une garantie de leurs bonnes dispositions, et me fit bien augurer de l'esprit général de la prison de Tours.

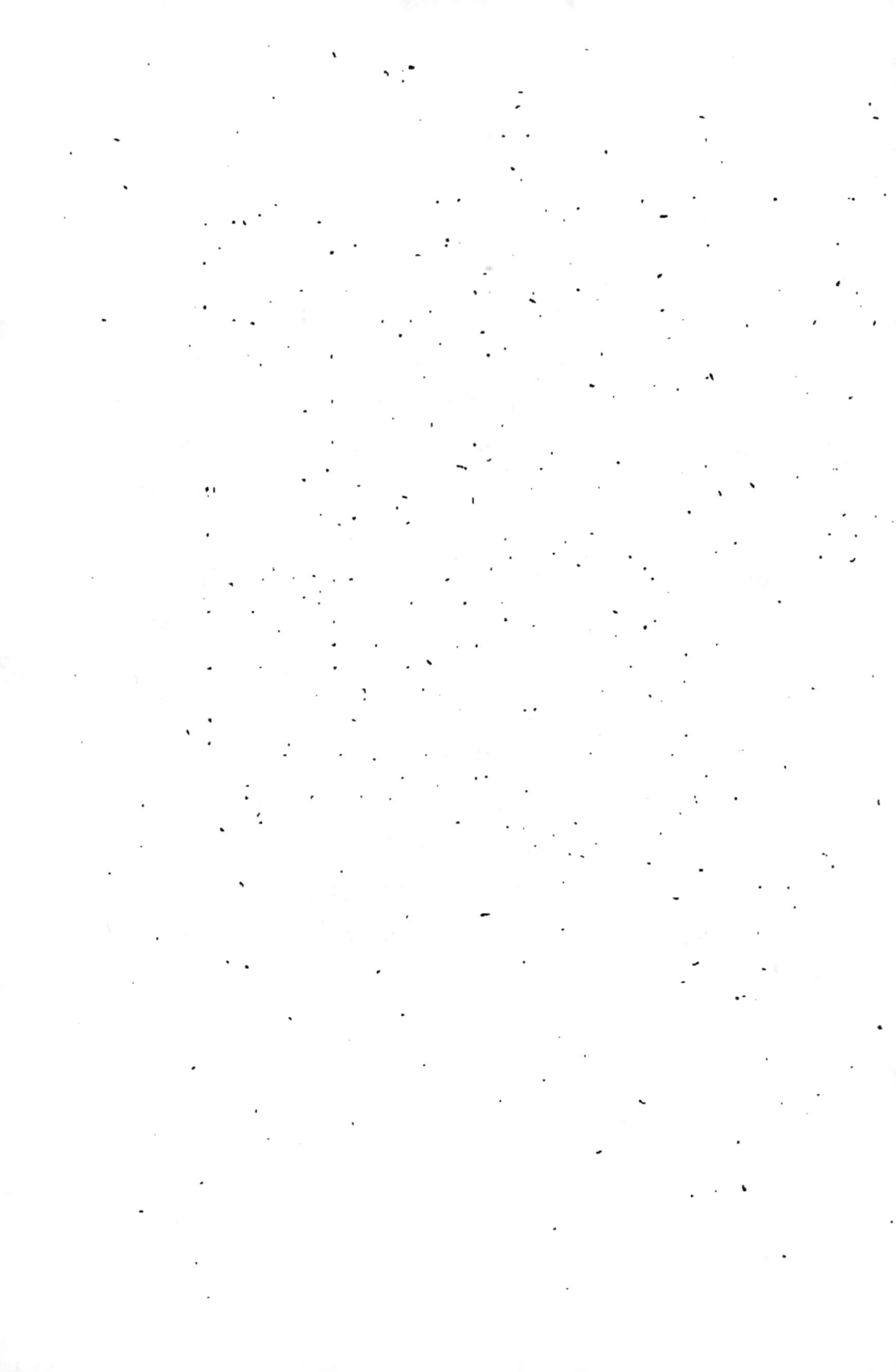

Chapitre Troisième.

PRISONS DES DÉPARTEMENS DE L'AISNE, DU NORD,
DU PAS-DE-CALAIS ET DE LA SOMME.

*

VILLERS-COTTERETS. — DÉPOT DE MENDICITÉ.

C'est dans un château qu'habita François Ier
que cet établissement est formé. Des bois immenses l'entourent, et rendent l'air excellent
pour la santé des vieillards. Huit à neuf cents
indigens des deux sexes sont réunis dans cette
maison; quatre ou cinq cents s'occupent, tant
bien que mal, à filer, tricoter ou coudre. Les

habits sont faits avec du drap confectionné par les reclus; la nourriture n'est pas mauvaise. Il serait à désirer que, pendant l'hiver, ces vieillards eussent deux couvertures sur leur lit. On pourrait améliorer leur sort en se procurant des travaux plus lucratifs, ou en employant les nouveaux procédés adoptés pour les filatures dans les prisons. La manière dont travaillent ces pauvres gens est la même depuis plus de cent cinquante ans.

Les dortoirs sont propres et soignés, et en général cette maison mérite des éloges.

SOISSONS.

Il y a dans cette ville une maison d'arrêt. Elle est, comme le sont ordinairement ces sortes de prisons, sans lits pour les passagers : une salle d'environ vingt pieds carrés, au rez de chaussée, très humide et presque privée d'air, contient de la paille sur laquelle vingt ou vingt-cinq hommes prévenus, condamnés pour délits, pour crimes, couchent ensemble. Cette prison réclamait, lors de ma visite, un grand nombre d'améliorations.

La *maison de correction* du département de l'Aisne fixa ensuite toute mon attention. Elle contenait à cette époque cent soixante-seize détenus : cent six hommes et soixante-dix femmes. Elle est assez vaste pour en recevoir davantage.

On a interdit, autant que possible, toute communication entre les individus de différens sexes; la chapelle même est préparée de manière à favoriser cette mesure d'ordre.

Les condamnés pour crimes et pour délits sont confondus. Je ne sais quels motifs ont empêché que, pour les travaux, les détenus plus jeunes fussent séparés des autres.

Répandus dans les ateliers, ils sont employés à la préparation des matières, ou bien auprès des métiers comme apprentis, jusqu'à ce qu'ils puissent travailler eux-mêmes.

Du reste, il n'a été permis au directeur de la maison de distinguer les détenus que sous le rapport du travail et de la bonne conduite. Toujours l'amélioration principale est négligée, celle de classer les prisonniers :

1° Par âge,

2° Par crimes;

3° Par sexe : cet article seul est en vigueur.

Les détenus sont généralement occupés, dans cet établissement, à la tisseranderie des étoffes en laine. Le salaire de leurs travaux leur est payé par quinzaine, sur le prix arrêté par la Commission administrative et charitable des prisons, conformément aux dispositions des articles 20, 40 et 41 du Code pénal.

Un règlement approuvé par le préfet fixe la marche et l'ordre à suivre pour le service-intérieur de ladite maison.

Les peines qui sont infligées sont, corporellement, au profit de la caisse de charité et au profit de la masse du délinquant, de la soupe et des autres alimens, s'il y a lieu.

Il est formé, au moyen des amendes prononcées pour faits de contravention, un fonds de secours communs, sous le titre de caisse de charité.

Le règlement indique la manière d'administrer les fonds provenant de la caisse de charité.

A l'arrivée de chaque détenu, les effets d'habillement qu'il ne devra pas conserver dans la maison, ainsi que les bijoux et l'argent qui lui appartiennent, sont remis au directeur, qui en tient note sur un registre, et les dépose, avec une étiquette, dans un magasin, pour être restitués au propriétaire au moment de sa sortie.

Dans le cas d'évasion des détenus, les effets et le montant de leur masse passent de droit à la caisse de charité.

Indépendamment des registres d'écrou et de mouvement, dont la tenue est prescrite par d'autres règlemens, il est tenu par le directeur:

1° Un registre des arrêtés et décisions du préfet;

2° Un registre des punitions;

3° Un registre contenant les comptes ouverts à chaque détenu, pour les effets par lui déposés à son entrée; les sommes qui seront portées à sa masse, et les sommes ou effets qui lui seront restitués à sa sortie, ou qui passeraient au compte de la caisse de charité, par suite de décès ou d'évasion;

4° Un registre contenant: 1° le compte des sommes appartenant à l'établissement, et provenant des retenues sur les salaires; 2° le compte du montant général des masses des détenus; et 3° le compte de la caisse de charité.

L'entrepreneur des travaux de fabrications

est aussi l'entrepreneur du régime alimentaire, et généralement de toutes les parties du service de cette maison. A cet effet, il est obligé, par le cahier des charges, de fournir tous les jours à chaque détenu les alimens fixés par ce même cahier; d'entretenir et de renouveler le vestiaire et tous les objets nécessaires au service de cette maison, pour lequel service le gouvernement alloue cinq sous par journée de détenu, pour indemniser l'entrepreneur de ses fournitures.

L'entrepreneur est aussi tenu de faire exploiter, ou d'exploiter par lui-même, une cantine pour vendre des alimens aux détenus aux prix qui sont tarifés par la commission.

L'entrepreneur est obligé à la tenue des registres ci-après :

1° Un registre pour la tisseranderie ;

2° Un autre registre pour la filature des laines.

3° Un registre pour le peignage des laines. Ces mêmes registres servent également de comptes ouverts aux détenus travailleurs ;

4° Le contrôle annuel des détenus pour établir les états de trimestres;

5° Le registre de situation journalière, relié par trimestres, pour servir de vérification à l'état du trimestre. Ces situations sont divisées de manière à connaître le nombre d'individus, hommes et femmes, par dortoirs, et les mutations de la journée ;

6° Un autre registre de situation, disposé de manière à voir, jour par jour et mois par mois, la force sommaire de population, hommes et femmes, en santé et aux infirmeries.

Tel est le régime intérieur de cette maison. On voit que l'instruction, ce puissant moyen d'amélioration, n'entre pour rien dans les dispositions adoptées; cependant l'établissement d'une école serait peu coûteux, et les fruits que l'on pourrait en recueillir deviendraient le complément de ce qui se fait déjà pour changer les détenus; car le travail seul ne suffit pas, il faut aussi le remède moral : il encourage le prisonnier dans son désir de conversion, lui donne une nouvelle force pour supporter avec résignation des maux que la plupart des hommes en liberté ne savent pas apprécier. L'instruction adoucit les mœurs brutales des criminels, corrige l'habitude des vices qui souillent chaque nuit passée en commun, et qui, si souvent, achèvent de détruire leur faible santé. Avec son secours, le travail n'est plus une peine continuelle, pour le condamné; elle élève son âme vers des idées plus dignes de l'homme; elle change enfin, comme par enchantement, la paresse, la débauche, l'ivrognerie, en travail sans contrainte, en sentimens honnêtes, en sage économie. Le cœur du coupable devient meilleur par degrés, et arrive presque toujours au repentir sincère et à la ferme résolution de rentrer dans la société pour ne plus la troubler par des excès ou des désordres honteux.

Remarquons que la plus grande partie de ces détenus ne sait ni lire ni écrire : quelle meilleure preuve des dangers d'une ignorance aussi complète? C'est le plus évident témoignage de l'erreur où sont les gens qui repoussent, comme un instrument malfaisant, l'éducation élémentaire, qui est pourtant le véritable auxiliaire des principes religieux qu'ils disent vouloir répandre parmi le peuple. Espérons que les sages aumôniers des prisons reconnaîtront cette vérité, et qu'ils en demanderont l'application générale en France.

LAON.

La maison d'arrêt de cette ville est mal construite. Les prisonniers couchent tous ensemble sur de la paille. Les vieillards, les enfans,
les condamnés, sont confondus. Il y a cependant
exception pour ceux qui peuvent payer un lit,
et encore sont-ils obligés de le partager à
deux. Un tel état de choses est vraiment affligeant.

La maison de justice contient des hommes
et des femmes sur le point de passer en jugement. Je retrouvai dans cette prison un jeune
militaire que j'avais vu à Soissons, lors de ma
visite à la prison de cette ville. Ce pauvre soldat, dont j'avais eu le bonheur d'adoucir le
sort, parut oublier ses peines en me revoyant. Il
voulait m'adresser ses remerciemens; sa joie
l'empêchait de parler. La bonne sœur Fran-
çoise, alors attachée à l'Hôpital-Général de
Laon, qui avait bien voulu m'accompagner,
en fut attendrie, et me promit de le soulager
après mon départ. A cette occasion, je dirai
que jamais on ne peut être mieux récompensé

des soins que l'on est dans la position de pro-
diguer aux pauvres captifs, que par l'expression de leur gratitude : entouré de tous les
prisonniers, recevant des preuves de leur respect et de leur attachement, quelle plus douce
jouissance peut s'offrir à nos sens? Forcer le
plus grand criminel à reconnaître la différence
du bien et du mal, tout en adoucissant ses
souffrances, est un si doux bonheur! Ah!
si les hommes riches descendaient une fois
dans cet asile de la misère et du désespoir, ils
verraient l'emploi honorable que l'on peut faire
du superflu ; ils voudraient conquérir tous les
cœurs par de bonnes œuvres, et se créer des
occupations qui laissent après elles tant de
souvenirs précieux.

En effet, est-il une plus belle mission que
celle qui nous rapproche, pour ainsi dire, de la
Providence? Nous sommes son image, lorsque
les plus noirs cachots retentissent de nos consolations : semblable à un rayon d'espérance,
nous portons dans le cœur du captif ce sentiment de notre intérêt, qui lui promet un
meilleur avenir. Le plus coupable des hommes
n'est pas insensible à ces bontés : c'est pour

lui un motif de repentir; il reconnaît l'ingra-
titude de sa conduite envers ceux qui ne dédaignent pas d'alléger des peines qu'il a si bien
méritées.

SAINT-QUENTIN.

Avant de visiter la prison, j'avais parcouru
les salles de l'hôpital, et je n'avais eu qu'à me
louer de leur belle tenue et de leur excessive
propreté. Mais quels ne furent pas mes regrets
à l'impression si différente que produisit sur
moi l'aspect de cette maison de détention ! Les
prisonniers y sont on ne peut plus mal. La
construction de la prison se refuse à toute
amélioration sanitaire. Les croisées sont petites, les bâtimens très rapprochés, les murs
sales, les cours étouffées; les cachots surtout
sont abominables : pour y arriver, il faut descendre dans une cave, et de là, descendre encore plus de vingt marches. On conçoit qu'il
n'y a aucune communication d'air, et par conséquent combien l'humidité est grande. Aussi
le concierge m'a avoué qu'il croirait manquer
à sa conscience, d'y enfermer des malheu-

reux. Cependant il n'est pas toujours le maître, et quand l'ordre est donné, il faut bien l'exécuter. Je suis certain que si les individus qui signent ces ordres se rendaient une fois dans ce triste souterrain, ils n'oseraient jamais y plonger un homme, quel que fût son crime. Là, comme dans les autres prisons, les délits, les préventions et les crimes sont mêlés; des enfans couchent sur la même paille que les galériens; les détenus pour dettes, avec les voleurs; tout est confondu; et bien souvent un jeune enfant arrêté pour contrebande sortira dans l'intention de mettre à profit les leçons qu'il aura reçues du forçat : ainsi le tribunal correctionnel aura prononcé une condamnation qui renverra, après l'expiration de la peine, le même individu devant une cour d'assises. Nous reviendrons sur cet inconvénient aux considérations générales que nous nous proposons de présenter à la suite de cet ouvrage.

CAMBRAY.

Ce que je viens de dire de la prison de Saint-Quentin n'est pas suffisant pour donner une juste idée du désordre, de la malpropreté qui règnent dans cette maison. Le pain, *seule nourriture* des détenus, est affreux. L'humidité naturelle du bâtiment est encore augmentée par l'eau continuellement jetée dans les chambres. Quinze ou vingt hommes couchent à terre, sur de la paille, qui, n'étant pas renouvelée assez souvent, est presque toujours mouillée et devient en peu de temps un vrai fumier. La cantine offre un lieu de débauche aux détenus qui ont de l'argent; ils continuent à s'enivrer, et reviennent ensuite se coucher pour se livrer à des excès encore plus dégoûtans. J'ai vu trois soldats, détenus pour avoir dépassé leur permission, qui se promenaient toute la journée dans la cour, pour ne pas faire société avec les autres prisonniers. L'indiscipline, l'indécence la plus complète, font de cette réunion de malheureux un spectacle bien affligeant, et dont j'ai été vivement ému. Tous les crimes s'y trouvent réunis, et forment un ensemble abominable et bien pernicieux pour les jeunes gens qui doivent habiter avec de semblables compagnons d'infortune.

DOUAI.

MAISON DE JUSTICE.

Cette belle prison a été construite sous l'administration du comte de Rémusat, auquel le département du Nord est redevable de précieux établissemens, au rang desquels il faut placer les écoles d'enseignement mutuel. J'ai visité cette prison avec M. Blocaille, lieutenant commandant de la gendarmerie, après avoir reçu une autorisation de M. Becquet de Mégille, maire de la ville. L'accueil de ces deux fonctionnaires m'a été fort utile pour être introduit dans toutes les parties des maisons de détention placées sous leur surveillance.

Soixante-dix-neuf prisonniers étaient dans plusieurs chambres; et quoique le bâtiment permette la division si nécessaire des *prévenus* avec les *condamnés* pour délits, des *hommes jugés à réclusion* et de ceux *jugés aux travaux forcés* ou à *mort*, on a la douleur de retrouver ce vice dangereux. J'ai vu dans la même chambre plusieurs jeunes gens condamnés à

un emprisonnement par le tribunal correctionnel, des hommes de différens âges, attendant
la chaîne pour partir aux galères, et un homme
condamné à mort pour assassinat. Les uns
avaient des fers aux pieds depuis trois semaines;
d'autres depuis plusieurs jours. J'ai touché ces
lourdes chaînes et acquis la certitude que les
malheureux qui les portaient souffraient beaucoup par le gonflement qu'elles avaient provoqué. Cette attention de ma part, toute nouvelle
pour ces prisonniers, avait excité en ma faveur
un intérêt auquel ils ne purent résister, malgré
la perversité de leur âme. Aussi leur confiance
répondit au soin que j'avais pris pour connaître
leur véritable situation. Je profitai de ce sentiment pour demander à l'un d'eux la cause de
son enchaînement : « Hélas! me dit-il, j'ai voulu
m'évader; je sais que j'ai eu tort, mais on abuse
tellement de nos malheurs, que chaque jour
nous sommes excités à nous mal conduire, et
souvent à nous révolter; si au contraire, tout
en s'assurant de nous, les gardiens n'augmen-
taient pas, par des injures, la misère qui nous
accable, nous supporterions avec résignation
et courage, des souffrances qui doivent pen-

dant long-temps empoisonner notre existence. »
Je n'ai répondu à cette observation, que je
trouvais très juste; qu'en engageant ces malheureux à se conduire sagement pour ne pas
s'attirer des punitions aussi terribles.

L'homme qui était condamné à mort demanda à me parler en particulier : le commandant de la gendarmerie ne me refusa pas cette
satisfaction. « J'attends le moment de mon exécution, me dit ce condamné, et puisque vous
êtes le *premier* qui nous visitiez, j'ai besoin de
vous donner ma confiance et de ne rien vous
cacher : je suis coupable du crime pour lequel
on m'a condamné; j'ai tué et volé. Dès mon
enfance, mes parens m'ont négligé; j'ai eu de
mauvaises fréquentations, et l'habitude du vol
l'a emporté sur l'envie que j'avais de me corri-
ger. *J'ai achevé de me perdre dans une maison
de détention*, et aujourd'hui j'attends l'instant
d'expier toutes mes fautes. Parmi les hommes
que vous voyez dans notre chambre, il en est
qui sont âgés de dix-sept, dix-huit et dix-neuf
ans; je les vois avec *peine* se former pour commettre de nouveaux crimes lorsque leur temps
sera fini. Ne pourriez-vous pas les faire trans-

férer dans une chambre à part? ce serait, monsieur, le plus grand bien que vous pussiez leur faire. »

J'écoutais avec une telle attention cette conversation, que j'avais oublié que M. Blocaille m'attendait ; ce détenu s'en aperçut et me dit : « Maintenant il faut que je renonce au plaisir d'être auprès de vous, car si nous restions plus long-temps ensemble, le concierge, croyant que je vous dénonce les abus dont nous gémissons, me ferait mettre au cachot après votre départ. » Le sang-froid, l'espèce de moralité de ce malheureux, qui voyait arriver sans frémir l'instant de monter à l'échafaud, me firent, pour ainsi dire, regretter de le quitter si vite ; j'aurais voulu le consoler, puisque j'étais assez heureux pour adoucir ses maux par ma présence. Je n'oublierai jamais cette conversation, que le lecteur m'excusera d'avoir rapportée : elle a fait sur moi une impression qu'il partagera sans doute.

On voit que c'est l'ignorance, l'insouciance des parens de cet homme, et la mauvaise organisation des prisons, qui ont concouru à sa perte. Je ne m'attendais pas, en raison de l'extérieur rebutant de ce détenu, à trouver dans son entretien un exemple aussi frappant de crime et de vertu. Avant de me retirer, j'ai goûté le pain, dont la qualité est ordinaire; mais généralement la ration n'est pas suffisante pour des hommes qui n'ont qu'une mauvaise soupe pour toute nourriture.

La prison de la ville est une des maisons les plus affreuses que j'aie vues dans le cours de mes voyages. C'est à peine si pendant la courte durée de ma visite je pouvais supporter l'infection de l'air qui y règne. En m'éloignant, je remis à un jeune ecclésiastique, qui apprenait le catéchisme à douze ou quinze enfans détenus, quelques exemplaires du Nouveau-Testament : ce léger don parut faire plaisir au jeune prêtre et aux pauvres prisonniers.

Quant à *la prison militaire*, sa situation n'est pas plus favorable que celle de la maison de ville; cependant elle est destinée spécialement aux militaires, dont la plupart y sont renfermés pour des fautes très légères. Une grande salle, privée de croisées suffisantes, contient deux lits de camp couverts de paille, sur lesquels tous les hommes couchent ensemble. Rien n'est plus contraire à leur santé et à leur moralité que cette réunion pendant la nuit. La force de l'âge et des passions enfante trop souvent un relâchement de mœurs qui est pourtant loin de s'allier avec le noble caractère du soldat. Les cachots sont horribles, privés de lumière; et l'humidité en est si grande, qu'un pauvre soldat qui l'habitait lors de ma visite ne pouvait presque plus parler; or, on ne peut se dissimuler le danger d'enfermer, pendant plusieurs jours, un homme obligé de coucher sur une terre toujours mouillée, et ne recevant pour toute nourriture que de mauvais pain et de l'eau. L'humanité ne peut-elle donc s'allier avec la sévère discipline des corps? et la punition peut-elle, sans jugement, aller aussi loin? c'est à l'autorité à prononcer. Il nous semble d'ailleurs que la supériorité de grade, le droit de commander, la nécessité de se faire obéir, ne justifient pas des mesures dont la vie d'un citoyen peut dépendre.

VALENCIENNES.

PRISON DE LA VILLE.

Ce bâtiment est solide, mais extrêmement malsain. Les chambres sont petites, et destinées à contenir un trop grand nombre de détenus. On retrouve encore tous les vices que nous avons déjà signalés. Les cachots sont étouffés et ne reçoivent pas de lumière.

J'ai vu des hommes condamnés aux travaux forcés, enchaînés par les pieds, et d'une manière si affreuse, que souvent le sang mouillait ces gros anneaux, dont la pesanteur peut surpasser six à huit livres. La ration de pain, comme ailleurs, n'est pas suffisante pour les hommes. La plupart des jeunes gens qui étaient détenus avec les criminels sont des contrebandiers; plusieurs n'avaient que onze, treize, quatorze et vingt ans.

Je rappellerai ici un fait dont je n'ai jamais eu l'idée de rendre l'autorité d'alors responsable, mais qui m'a frappé par sa triste originalité. Je descendais l'escalier qui conduit aux chambres basses, lorsque j'aperçus sur mon passage un homme dont l'abattement et la pâleur firent sur moi une pénible impression. Je m'approchai de lui et lui demandai s'il était malade : « Non, monsieur, me répondit-il d'une voix faible et tremblante; c'est que depuis *trois jours* je ne mange pas...» Touché de l'état de ce malheureux, qui semblait effectivement prêt à mourir d'inanition, je m'empressai de lui remettre une pièce de monnaie pour acheter du pain et se procurer les alimens les plus nécessaires. Quelques instans après, l'ayant quitté et me trouvant seul avec le guichetier, je lui témoignai toute ma surprise de ce que je venais de voir, et lui demandai les motifs d'une pareille négligence : « Ah! me répondit cet homme sans se déconcerter, *c'est qu'on a oublié de l'écrouer au greffe!!!* Je me retirai, profondément affligé, et de l'infortune du pauvre prisonnier, et surtout de l'horrible isolement où devaient se trouver des hommes ainsi abandonnés par la justice à la stupide ignorance de barbares geôliers.

MAUBEUGE.

La prison de Maubeuge est mal construite, comme presque toutes les prisons de la province. Les cachots en sont souterrains. Heureusement elle ne reçoit habituellement que peu de prisonniers.

LILLE.

On est vraiment surpris qu'une aussi belle ville, et réunissant dans son sein les autorités supérieures du département, ne possède pas d'établissemens de charité mieux organisés. Cependant j'ai pu apprécier les soins qu'y donnait le comte de Rémusat, lorsqu'il était préfet, si bien secondé par madame de Rémusat, qui, malgré son peu de santé, visitait les hôpitaux, présidait la Société de la Maternité, allait chez les malades, etc. L'éducation de la jeunesse était souvent l'objet de nos entretiens; et la place honorable que m'avait confiée M. de Rémusat, en me chargeant de la direction supérieure des écoles élémentaires du départe-

ment, me mettait à même de recourir très fréquemment à leur charité ; jamais je n'étais refusé : le bien leur paraissait si doux à faire,
qu'ils accueillaient mes propositions avec une
espèce de reconnaissance. Ces deux respectables
amis de l'infortune ne sont plus ; c'est la raison
qui m'engage à trahir ici un secret que j'ai
gardé jusqu'à leur mort ; et j'ai joui, en parcourant le département du Nord, du plaisir de
voir que leur mémoire est respectée généralement. La veuve, l'orphelin, le malade, le prisonnier, regretteront toujours des bienfaiteurs
qui de long-temps ne seront remplacés, et qui
ont laissé dans ce pays des souvenirs chers à
tous les cœurs.

MAISONS DE DÉTENTION. — PRISON SAINT-PIERRE
(pour les soldats).

La construction de cette prison s'oppose à ce
que les détenus soient bien. Soixante soldats y
étaient réunis ; plusieurs m'ayant connu dans
leur régiment, cherchèrent à m'intéresser en
leur faveur, croyant qu'il était en mon pouvoir
d'adoucir leur position. Ces malheureux sont

couchés tous ensemble sur des lits de camp.
La malpropreté des chambres est extrême; l'air
ne s'y renouvelle qu'avec peine. Plusieurs détenus me dirent qu'ils préféreraient faire le
double de leur condamnation pour être trans-
férés à Montaigu. Cette observation prouve
que le gouvernement pourrait, en rendant ces
soldats moins malheureux, les habituer au travail, leur apprendre des états, et au moins à
lire et écrire. Alors, après leur sortie, ils pourraient se placer dans des manufactures.

PRISON DE LA VILLE.

Cette prison est encore plus affreuse, s'il est
possible, que celle de Saint-Pierre. J'ai vu plus
de vingt enfans au-dessous de dix-huit ans,
repris pour contrebande, confondus avec des
hommes condamnés aux fers. Les chambres
sont très petites et étouffées; les détenus couchent tous ensemble sur des lits de camp couverts de vieilles paillasses. J'ai remarqué un de
ces lits, d'environ dix pieds de long, sur lequel
quinze individus couchent (pour me servir de
l'expression du guichetier) *les uns sur les autres.*

L'air est infect, le teint des prisonniers est jaune, leurs vêtemens en morceaux et d'une malpropreté qui fait honte ; les cours sont pleines de fumier ; les cachots humides et souterrains. Cependant, M. Fiévet et un autre jeune homme visitaient il y a quelques années cette affreuse habitation, qui avant eux n'était pour ainsi dire jamais l'objet d'une attention bienveillante. L'atelier, fréquenté par quelques hommes, est sale et mal situé ; on n'y monte qu'avec difficulté par une échelle ; le chauffoir est empoisonné par la fumée et l'haleine du grand nombre dé détenus qu'il contient. Enfin, cette prison est si détestable, qu'un des premiers fonctionnaires de Lille, regardait comme une grande punition d'y renfermer un individu pendant vingt-quatre heures. C'est dans ces lieux que des enfans de dix, douze et quinze ans sont obligés de vivre et de coucher avec des galériens et des criminels.

Outre cette maison, il y a encore à Lille une prison spécialement destinée aux femmes. A l'exception des dortoirs, qui sont fort bien tenus ; on retrouve dans cet établissement tous les inconvéniens, tous les vices déjà tant de fois signalés. Les condamnées s'occupent à des travaux de peu d'importance. Le désordre et la malpropreté se faisaient, lors de ma visite, remarquer de toutes parts.

BÉTHUNE. — SAINT-OMER.

Mon séjour à Béthune fut de courte durée : je n'eus que le temps de jeter un rapide coup d'œil à la prison de la ville, où j'eus la satisfaction de rencontrer à la fois le bon ordre, la propreté, une discipline sévère, mais juste, et tous les signes d'une excellente organisation.

De là je me rendis aux prisons de Saint-Omer, où je vis encore avec plaisir que les lois de l'humanité étaient mieux observées que partout ailleurs.

La prison principale est saine et bien aérée. Les cachots sont propres. Je n'ai eu qu'à gémir sur le sort d'un enfant, nommé Gottrand, âgé de douze ans, et qui, accusé d'avoir volé un morceau de pain, avait été mis en jugement.

L'arrêt, tout en reconnaissant son innocence, le condamna à cinq ans de détention, attendu qu'il était vagabond, sans parens, sans moyens d'existence. Le concierge m'a assuré que ce pauvre orphelin était doux et docile lors de son entrée dans la prison, mais que ses compagnons de chambre, parmi lesquels étaient deux condamnés à perpétuité, l'avaient rendu méchant.

La justice n'aurait-elle pas mieux atteint son but en renvoyant ce jeune malheureux dans un hôpital général? Les observations que nous avons déjà eu occasion de soumettre à cet égard nous dispensent de peindre encore les inconvéniens graves de mesures semblables, et d'ailleurs ce fait frappera trop les bons esprits pour qu'il soit utile d'en développer de nouveau les conséquences.

Dans la même ville, la prison du *Saint-Sépulcre* est également bien construite et a droit aux mêmes éloges.

ARRAS.

COMPAGNIE DE DISCIPLINE.

Il faut, pour que les soldats soient envoyés à cette compagnie de discipline, que le conseil

formé dans chaque régiment pour juger des
fautes qui n'entraînent pas un renvoi devant
un conseil de guerre prononce ce jugement.
Souvent aussi des hommes sortant de prison
sont obligés d'aller finir leur temps de service
à cette compagnie. Nous ne connaissons pas
les raisons qui peuvent autoriser cette double
punition ; mais nous croyons que l'arrêt du
conseil de guerre devrait seul punir le coupable.

La compagnie d'Arras se compose de cent
vingt hommes environ. La propreté des chambres est admirable. Les soldats font l'exercice
et montent la garde, lorsque des circonstances
imprévues réclament leurs services ; ils sont
habillés et nourris à peu près comme dans les
régimens. La discipline est nécessairement très
sévère : l'établissement d'une école serait le
complément de la bonne organisation de cette
compagnie. Les hommes s'occuperaient davantage, rentreraient dans les corps avec plus
d'instruction, ou retourneraient dans leurs
foyers moins ignorans, et par conséquent plus
susceptibles de se placer, soit dans le commerce, soit dans des manufactures. Le capitaine et le lieutenant qui commandent cette

compagnie méritent la reconnaissance de leurs subordonnés, et les éloges des autorités de la ville.

Il y a à Arras une prison pour les hommes et une autre pour les femmes; toutes deux sont assez bien sous le rapport de la salubrité. Mais les détenus y sont généralement confondus sans nulle distinction d'âge ou de culpabilité. C'est là, du reste, comme l'on peut s'en convaincre, le vice le plus déplorable et le plus répandu de nos maisons de détention.

AMIENS.

Je n'ai que des louanges à donner à la tenue, et à la bonne administration de la prison d'Amiens, dite *Conciergerie*. Lors de mon passage dans cette ville, cet établissement ne laissait rien à désirer, tant par sa construction favorable, que par sa parfaite organisation.

Je trouvai, chose rare, les cachots fort aérés; et à cette époque, le blanchîment à neuf, dont ils venaient d'être l'objet, leur ôtait un peu de la tristesse qui règne ordinairement dans ces lugubres demeures.

L'infirmerie, dans tous ses détails, répondait au reste de la maison ; tout y était propre, bien tenu, et parfaitement administré.

Il faut dire aussi que les magistrats et les principales autorités de cette ville visitent souvent les prisonniers, et leur bienfaisante influence produit chaque jour de nouvelles et consolantes améliorations.

J'ai oublié de parler en son lieu de la maison centrale de Loos, près Lille. Je dois réparer cette omission. Cette prison mérite vraiment l'empressement que mettent généralement les voyageurs à la visiter. Elle est belle, bien construite, et réunit toutes les conditions de salubrité et de sûreté. Il faut dire aussi que la plus grande partie des améliorations qui s'y font remarquer, a été due à l'influence du conseil royal des prisons.

On y retrouve, il est vrai, les dangereux mélanges, dont nous avons tant de fois parlé ; mais la maison centrale de Loos est dans la voie du progrès, et tout donne à croire qu'elle ne restera pas stationnaire.

Chapitre Quatrième.

DÉPARTEMENS DES LANDES, DES BASSES ET DES HAUTES-PYRÉNÉES.

✻

MONT-DE-MARSAN.

Les prisons font partie de la ligne des bâtimens qui composent l'enceinte de la ville, du
côté du nord et sur la rive gauche de la Douze.
L'édifice est double, c'est-à-dire que depuis peu
on en a ajouté un nouveau à celui qui existait
déjà, auquel on l'a joint pour n'en faire qu'un,

sans que cependant on ait suivi le même plan. On en a changé, parce que le premier se compose de chambres et de cours trop peu spacieuses, mal aérées, conditions beaucoup plus satisfaisantes dans le second. D'après ce que j'ai dit du voisinage de la rivière, on voit que l'eau nécessaire pour entretenir la propreté dans la maison ne peut manquer. Quant à l'eau de source, toute la ville de Mont-de-Marsan, quoique située dans un pays plat, en est abondamment pourvue.

Bien que ces prisons soient vastes, j'ai remarqué qu'il y avait trop de monde : à la vérité, c'était à la veille des assises, époque à laquelle le nombre des détenus est nécessairement le plus considérable. Le travail m'a paru peu actif. Je n'ai guère entendu parler des soins que l'on prend pour ramener les coupables au bien ; cependant on y construisait une modeste chapelle. J'ai vu avec regret deux petits garçons de douze à quinze ans confondus avec des prisonniers d'un âge bien plus élevé. Ces divers points s'amélioreront sans doute.

On nourrit les prisonniers avec des *soupes économiques* ; cela rappelle que celles dans les-

quelles figurent les poudres de maïs sont tellement nourrissantes, que l'on avait soupçonné
les Indiens d'Amérique qui en possédaient d'y
faire entrer des sucs de viandes. Le célèbre
Rumford a constaté leurs excellentes proprié-
tés, et peut-être serait-il possible d'introduire
avec succès cette espèce de grain dans le régime
alimentaire de nos prisons.

SAINT-SEVER.

Les prisons de Saint-Sever contribuent,
comme à Mont-de-Marsan, à former l'enceinte
de la ville; mais ici elles sont situées du côté du
levant, et les conditions hygiéniques ne sau-
raient être meilleures. L'édifice, élevé lui-
même, est assis sur un terrain dominant, ce
qui, du reste, appartient à la ville presque entière. Deux de ses côtés, et ce sont ceux sur
lesquels sont percées les croisées, reçoivent sans
nul obstacle l'air pur de la campagne voisine. Je
dis sans nul obstacle, parce que le chemin de
ronde, qui, dans une foule d'endroits, contrarie
l'abord de l'air par son élévation, quoique suffisamment haut, ne nuit ici en aucune façon au

renouvellement de ce fluide, parce qu'il est bâti
sur un terrain inférieur à celui qui supporte
le bâtiment lui-même. Les chambres sont
vastes, propres, parfaitement aérées. Nulle
part le local et les détenus n'obtiennent plus
d'attention de la part des personnes que leurs
fonctions y appellent. Aussi travaillent-ils presque tous. J'en ai vu qui lisaient; malheureusement j'ai reconnu dans leurs mains les Contes
des fées : j'aurais préféré y voir l'Évangile. Cependant, puisque toute occupation, à moins
qu'elle ne soit essentiellement mauvaise, a l'a-
vantage d'éloigner les criminels de leurs idées
favorites, ce qui peut faire raisonnablement
espérer qu'après un certain temps elles auront
entièrement disparu, j'étais heureux de les voir
s'occuper. D'une autre part, leurs petits travaux lucratifs adoucissent beaucoup leur existence; et, à ce sujet, remarquons que dans
leurs produits ils ont toujours l'avantage sur
leurs concurrens du dehors, puisque ceux-ci
doivent gagner de quoi pourvoir à leurs besoins
et souvent à ceux de leurs familles, tandis que
les prisonniers, logés et nourris, ne doivent
aspirer qu'à se procurer quelques douceurs. Ils

peuvent donc vendre à un prix bien plus bas, et par conséquent trouver plus d'acheteurs. Il ne faut que les mettre en relation avec eux, et c'est ce que l'on fait avec grand soin à Saint-Séver.

En général, cette maison est digne de beaucoup d'éloges. La nourriture, que j'ai examinée dans le plus grand détail, m'a paru être l'objet d'un soin particulier.

DAX.

La prison de Dax est un bâtiment neuf, richement et solidement construit, mais vicieux en ce que, se trouvant placé dans un endroit bas, au pied de terrains élevés et de l'ancien rempart de la ville, et entouré de murs d'une hauteur excessive, c'est un vrai sépulcre dans lequel l'air ne se renouvelle qu'avec la plus grande difficulté. L'intérieur ne mérite pas de critiques; seulement, il est singulier que le reste étant dans un aussi bon état, le cachot n'ait que des barreaux à sa croisée, de telle façon que ceux qui y couchent passent, pour ainsi dire, la nuit dehors. On doit comprendre les inconvéniens et même les dangers que peut faire craindre l'air de la nuit, dont l'humidité et l'insalubrité ne peuvent être révoquées en doute.

La séparation des détenus n'existait pas quand je visitai cette prison; mais on devait s'occuper prochainement de ce point si essentiel. Le travail n'y était pas régulier, et les malheureux qui s'y trouvaient renfermés étaient trop abandonnés à eux-mêmes.

BAYONNE. — ORTHÈS.

La prison de Bayonne est d'une construction vicieuse et insalubre; les murs qui l'entourent sont trop élevés, et les chambres sont d'une petitesse extrême. Les prisonniers n'y travaillent pas du tout, mais la raison en est simple : il existe à Bayonne une association de dames qui font des quêtes pour les indigens de toutes sortes. Elles donnent aux prisonniers une partie des secours qu'elles obtiennent, et ils se trouvent ainsi dispensés de travailler pour adoucir leur sort. Il est évident, d'après seulement ce que j'ai dit plus haut sur les avantages du travail, que ces dames, avec les intentions les plus louables, font beaucoup plus de mal que de bien : c'est par là aussi que l'on encourage la paresse. Du reste, ils ne reçoivent pas même la visite d'un aumônier.

On y trouve quelques aliénés ; cependant Bayonne pourrait bien leur consacrer un local particulier. Quoique riche, cette ville paraîtra fort pauvre, si on la juge d'après ses prisons et ses hôpitaux. Tous ses revenus seraient-ils donc sacrifiés à l'entretien et à l'embellissement des fortifications ? Il faut que nous ayons des places fortes pour protéger nos frontières, mais il faut bien aussi que l'indigent malade trouve un refuge, et ne pas abandonner le prisonnier dans un lieu malsain.

Les prisons d'Orthès sont peu considérables ; elles ne contiennent que trois ou quatre chambres : du reste, elles sont propres et convenablement aérées. Un des vices les plus importans de cette maison est le manque absolu d'eau ; on est chaque jour obligé de l'aller chercher à force de bras à la rivière, qui se trouve très loin.

BAGNÈRES.

L'édifice de la prison est neuf, et l'extérieur en est même assez élégant; mais on y retrouve un défaut malheureusement trop commun dans ces sortes d'établissemens. Les chambres sont extrêmement petites, la disposition des localités est incommode par son irrégularité, et les murs sont d'une épaisseur telle, que les fenêtres sont un long canal par lequel l'air ne saurait entrer et sortir aisément. Ici l'eau ne manque pas, et une petite dérivation de l'Adour, qui, divisé en cent branches, parcourt toute cette ville, vient surgir dans une jolie cour. Ce n'est pas sans étonnement que j'ai appris que les prisonniers ne recevaient que la livre et demie de pain, et jamais de soupe, à moins que les concierges, dont la bonté et la douceur contre-disent parfois la locution proverbiale qui caractérise les gens de leur métier, ne leur en préparassent à leurs frais. Ne serait-il pas du devoir de l'autorité de veiller à ce que dans toutes les prisons la nourriture fût saine et suffisamment abondante? c'est là une des obligations les plus simples et les plus sacrées qu'impose la loi matérielle de l'humanité, et dont rien ne devrait dispenser les agens commis à la surveillance des infortunés détenus.

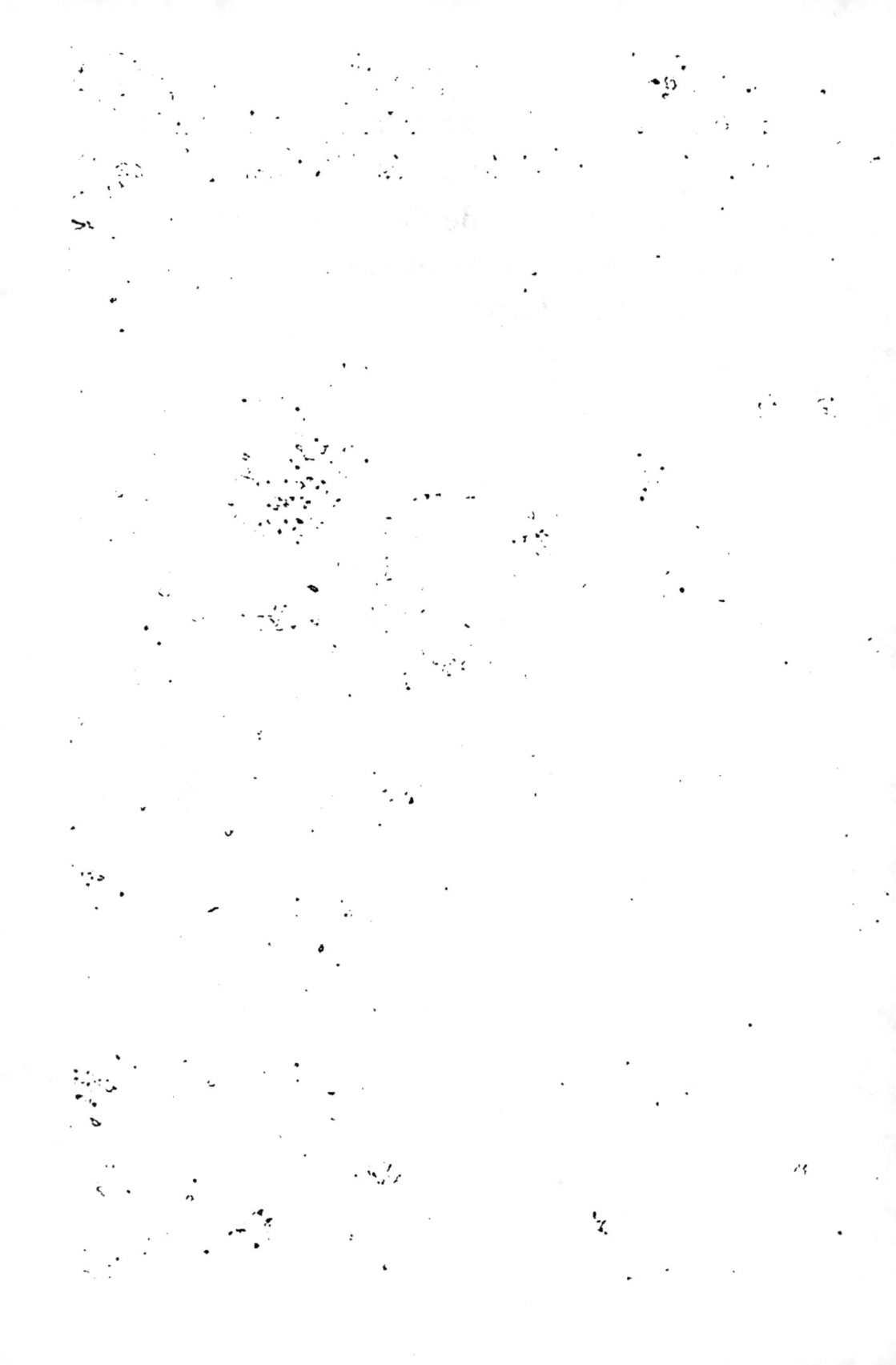

Chapitre Cinquième.

*

TOUL.

Lors de ma visite à la maison d'arrêt militaire de cette ville, le concierge, M. Rousselot, se consacrait déjà depuis vingt ans à la garde des détenus. Aussitôt qu'il connut l'objet de ma démarche, il ne put cacher une émotion dont je ne comprenais pas le motif; sa femme

1.   20

parut aussi fort aise de ma demande, et ce vieillard, en ouvrant ses portes, courût, avec une
vivacité incroyable, annoncer aux prisonniers
que des étrangers venaient les visiter. Nous en-
trâmes dans la salle des prévenus : elle ne contenait alors que sept hommes. Leurs regards,
la politesse avec laquelle ils répondaient à mes
questions, m'inspirèrent une satisfaction que
je n'avais jamais éprouvée dans aucune autre
maison de ce genre. Le geôlier me les présentait l'un après l'autre, en me donnant des détails sur le motif de leur détention. Je voyais
les yeux de cet excellent homme se mouiller de
larmes, et les soldats lui prendre les mains en
le suppliant de ne pas se chagriner pour eux.
Je passai dans la salle des condamnés, et là
une scène encore plus touchante encore nous
était réservée. Quatre militaires attendaient
leur départ pour les compagnies de discipline.

Le concierge, en me désignant un des prisonniers, me dit : « Tenez, monsieur, voilà un
homme intéressant; ce pauvre enfant, je don-
nerais ma vie pour le voir libre : je vous en
supplie, accordez-lui votre intérêt; tâchez que
le roi connaisse son affaire, et... » Rousselot,

étouffé par les larmes, ne put plus dire un mot de plus. MM. Carez et Claude qui m'accompagnaient, frappés d'étonnement, n'eurent pas la force de résister à l'impression profonde qu'excitait en eux un si noble dévouement. Après quelques minutes j'adressai la parole au pauvre maréchal-des-logis si fortement aimé de son concierge, et j'appris de lui le motif de sa condamnation. Fils de parens honnêtes et aisés, ce pauvre homme ne voulait pas réclamer leurs secours, pour éviter un chagrin mortel à sa mère; il préférait supporter toutes les privations et laisser en paix sa famille. L'éducation de ce détenu avait été soignée; mais son esprit indépendant n'avait pu se plier à la sévère discipline de certains chefs, et c'est à l'âge de vingt-neuf ans, après seize ans de service et cinq campagnes, qu'il avait été contraint d'aller finir le temps de son engagement au milieu de soldats plus ou moins ignorans, et souvent de très mauvaise société. Cette réunion de circonstances intéressantes restera toujours gravée dans mon cœur; mais je ne pouvais espérer d'obtenir du ministre une grâce, qui, quoique bien placée, avait besoin d'être demandée par tout autre que moi.

Le brave Rousselot ne se contentait pas de bien soigner ses prisonniers, de partager avec eux sa nourriture, il se rendait de temps en temps chez des dames charitables pour quêter en leur faveur. Je ne pourrais décrire la joie et la reconnaissance qu'il m'exprima lorsque je remis sur les fonds dont j'ai déjà parlé un peu d'argent aux militaires placés sous sa charitable surveillance. *Je vous remercie du bien que vous faites à mes bons enfans*, me dit-il avec transport; *Dieu vous bénira.*

Ne pouvant plus long-temps supporter de telles impressions, j'allais me retirer, lorsque je vis la femme de Rousselot occupée à tremper sa soupe et celle des prisonniers : c'était le même bouillon, le même pain. Cette femme, aussi humaine que son mari, méritait de semblables éloges.

Je quittai cette maison le cœur rempli d'admiration pour cet excellent ménage, qui donnait l'exemple de la bienfaisance la plus désintéressée et la mieux entendue, et en regrettant de ne pas rencontrer plus souvent de pareils sujets de consolation.

A mon retour de cette visite, je fis au nom

du comité des prisons un rapport à la Société
de la morale chrétienne sur la conduite honorable du concierge de la maison d'arrêt militaire de Toul. L'intérêt que méritait cet homme
respectable me faisait penser que la Société,
fidèle au principe de son organisation, s'empresserait d'accorder une médaille d'encouragement à M. Rousselot. Je ne fus pas trompé
dans mon attente et j'eus le bonheur de con-
courir à lui faire décerner une récompense dont
ses soins et son dévouement l'avaient rendu si
digne.

Quelques jours après, j'appris que le pauvre
Rousselot venait d'être destitué, et qu'un ordre
de la division militaire de Nancy avait prescrit
sans délai son remplacement. Dénués de tout,
sans argent, sans meubles, ayant à peine un lit,
Rousselot et sa femme n'avaient d'autres ressources que l'hôpital, et encore leur admission
n'était pas certaine. Je voulus, autant qu'il était
en moi, réparer envers Rousselot les torts d'une
administration qui d'ailleurs ne nous avait que
trop accoutumés à de pareilles brutalités, et je
lui offris, ainsi qu'à sa femme, un asile dans le
petit village de Grandmesnil, près de Toul, ou

je demeurais moi-même une partie de l'année. Ils retrouvèrent dans cette retraite la tranquillité dont ils avaient tant besoin. C'est là que le brave Rousselot a terminé une carrière modeste, mais remplie de bonnes œuvres. Sa femme vit encore, et j'éprouve la jouissance de rendre doux et paisibles les derniers instans de sa vieillesse.

Je ne dois pas cesser de parler de la ville de Toul sans signaler les notables améliorations dont la prison civile a été l'objet. Les chambres sont grandes et bien aérées; les murs sont blanchis tous les ans, les cours sont spacieuses; les hommes sont séparés des femmes; les condamnés à plus d'un an ne restent jamais avec les prévenus; on les dirige sur la maison centrale de Clairvaux.

En général, cette maison mérite des éloges.

NANCY.

La prison du tribunal de première instance est aussi bien tenue que possible, en raison de la mauvaise construction du bâtiment qui exigerait de grandes modifications. Les mélanges y sont presque inévitables, et j'y ai vu des jeunes gens arrêtés pour de simples délits confondus avec des condamnés à perpétuité. Les cachots sont très petits et presque toujours trop pleins, et l'air n'y peut pénétrer que difficilement. Le pain, que j'ai goûté, était bon, mais, je le répète, les rations ne sont quelquefois pas suffisantes.

La portion de la prison destinée aux femmes est beaucoup mieux que celle occupée par les hommes.

Il existe encore à Nancy une maison de détention pour les condamnés à moins d'un an. C'est une prison neuve qui réunit un grand nombre d'avantages, et, sous plus d'un rapport, pourrait servir de prison-modèle.

VOID.

Il existe à Void une prison pour les passagers. Son organisation est complètement vicieuse : je la visitai avec M. Étienne et plusieurs autres habitans respectables de ce bourg.

En entrant dans la salle des détenus, ces messieurs furent frappés de l'air infect qu'on y respirait, et ne voulurent pas aller plus avant. En effet, cette salle est une des plus noires et des plus privées d'air que j'aie jamais vues. Une petite croisée garnie de nombreux barreaux de fer est le seul moyen de renouveler l'air, car la porte reste fermée nuit et jour. La cour non seulement est très resserrée et entourée de grands murs, mais elle est encore pleine de fumier du côté de la croisée du cachot, en sorte que les malheureux qui s'y trouvent enfermés respirent une exhalaison dégoûtante.

S'il arrivait des femmes ou des filles, où serait leur prison ? dis-je à la concierge ; la réponse qu'elle me fit se terminait par ces mots : « Nous n'avons que deux chambres, pour mon mari et moi, il faudrait donc les coucher avec nous. »

Indigné de cet état de choses, j'ai voulu m'assurer de la possibilité ou de l'impossibilité d'agrandir cette prison, et je me suis convaincu qu'au moyen d'une très légère dépense et en ne donnant au concierge qu'une seule chambre, on pourrait ne plus souffrir cet affligeant mélange. La cour pourrait aussi s'agrandir par l'achat d'un terrain de peu de valeur, et au moins de pauvres prévenus ou condamnés qui arrivent fatigués par le voyage, et qui ne reçoivent qu'une mauvaise nourriture, respireraient un air pur, et ne seraient plus forcés de se prostituer.

- Quelques jours après ma visite, une pauvre fille, prévenue d'un délit de peu d'importance, fut amenée à la prison de Void. Le concierge ayant voulu abuser d'elle, et n'ayant pu y parvenir, introduisit dans son cachot deux soldats également détenus, et les exhorta à *profiter de l'occasion*, après les avoir fait boire pour leur monter la tête. L'un d'eux fut assez honnête homme pour ne pas abuser de sa position ; mais son camarade eut moins de scrupules, et neuf mois après la pauvre fille reconnue innocente, et acquittée, alla faire ses couches à l'hôpital de Nancy.

Des faits pareils parlent assez haut pour qu'on s'abstienne de toute réflexion à leur égard.

Nous recommandons cette prison au maire actuel, M. Hutin, dont on apprécie la sage administration.

BAR-LE-DUC.

La maison de détention de cette ville est très belle. Construite sous l'administration de M. Camille Périer, elle réunit la sûreté à la salubrité, qualités qu'on devrait toujours rencontrer dans de semblables maisons. Les chambres ont de grandes croisées dominant toute la ville, et qui donnent aux détenus la vue d'une charmante campagne. Les lits sont parfaitement propres et soignés par le concierge dont tout le monde fait l'éloge. Le pain est bon, la soupe ce qu'elle peutêtre en raison de l'allocation du gouvernement. M. Félix Gillon, l'un des plus honorables avocats de Bar, m'accompagnait, et comme moi il a été surpris de la tenue satisfaisante de cette prison. On remarque dans les chambres d'épaisses boiseries en chêne qui s'élèvent autour de tous les murs à plus de six pieds au-dessus du plancher, qui est également en bois. Cette construction empêche dans tous les temps l'humidité si ordinaire aux prisons et si dangereuse pour les détenus. Cette amélioration est vraiment admirable et devrait être introduite dans toutes les maisons de ce genre. Je dois dire, pour être juste, que le baron Romain, alors préfet du département de la Meuse, secondait les travaux du conseil des prisons établi à Bar. Il visitait souvent lui-même les détenus de cette ville. En nous rendant dans les cachots nous avons vu avec une vive satisfaction qu'ils étaient parquetés et entourés de boiseries comme les autres chambres. La punition ne consiste pour celui qui la provoque que dans son isolement des autres prisonniers. Ainsi nous ne pouvons qu'applaudir à la bonne organisation de cette prison, qui est ouverte à tous les curieux qui voudraient la visiter.

COMMERCY.

La ville de Commercy possède une prison destinée seulement aux passagers; elle est bien tenue et construite assez convenablement : il y a peu de chose à dire sur son administration.

En parlant de Commercy, nous devons payer un profond témoignage de vénération à la mémoire de Stanislas, ancien roi de Pologne. Ce monarque, descendu d'un trône que ses vertus élevaient au plus haut degré de gloire et entouraient d'un éclat tout nouveau pour l'humanité, eut l'heureuse idée de se créer un empire plus solide et plus durable que celui qu'il abandonnait, en formant un état dont la charité la plus éclairée serait la base et la loi suprême. Stanislas, en se retirant dans un pays étranger, comprit qu'il pouvait trouver un bonheur si rarement connu des rois, en s'occupant avec ardeur et persévérance des institutions destinées à soulager la misère du peuple. Il voulut se naturaliser Français, en fondant des hospices ou en concourant à leur entretien. On assure dans le pays, où ce prince est encore l'objet de l'amour de tous les habitans, qu'il avait conçu le projet de donner aux accusés des défenseurs gratuits et d'apporter des améliorations dans le sort des prisonniers. Ainsi la formation du comité des prisons de la société de la morale chrétienne ne serait pas une institution nouvelle, et nous pourrions nous honorer d'avoir une association appréciée depuis long-temps par ce grand roi.

En parcourant les villes, les campagnes de la Lorraine, on est frappé d'admiration au récit que de simples habitans s'empressent de faire des bienfaits dont Stanislas a laissé le souvenir. Dans les chaumières les plus pauvres, si l'on trouve un portrait, c'est celui du roi de Pologne. Il n'est pas rare d'entendre dire au plus simple laboureur : « Ce bon Stanislas n'avait qu'une fortune médiocre pour un roi, mais il aimait tant les pauvres gens, qu'il retranchait de ses dépenses tout ce que réclamait le soulagement des malheureux; sa maison était sans faste; il allait toujours sans suite visiter les cultivateurs, et s'entretenait avec eux sur les meilleurs moyens à mettre en pratique pour améliorer l'agriculture. Il s'informait du nombre des enfans de chaque famille, et entrait dans les plus petits détails de leur éducation. Enfin, monsieur, me dit un paysan après une semblable conversation, c'était notre père, c'est tout dire; et nous apprenons à nos enfans à bénir la mémoire de ce bon prince. »

Telle est la conséquence des généreux soins de Stanislas; elle prouve que le peuple n'est pas ingrat, comme souvent on le prétend pour excuser l'insouciance des riches qui dédaignent de s'occuper du bien-être des pauvres. Et nous dirons avec conviction: Les masses, quelle que soit leur situation sociale, ne sont jamais ingrates envers le bienfaiteur qui donne sans orgueil et à propos.

Instruire le peuple, soulager ses misères, s'occuper de son avenir, sont assurément les plus efficaces moyens dont puissent se servir les rois pour passer à la postérité, et léguer à leurs descendans un nom sans reproche : c'est leur prérogative la plus belle, c'est aussi la véritable application des préceptes du christianisme, et le plus ferme appui de leur puissance.

SAINT-MIHIEL.

Les bâtimens de cette maison ne laissent rien à désirer pour la salubrité des chambres; les cachots seuls devraient être plus aérés.

Les prisonniers reçoivent chaque jour une livre et demie de bon pain et une soupe aux légumes. Cependant, comme j'en avais fait la remarque dans plusieurs autres prisons, la ration est quelquefois insuffisante pour des hommes d'un fort appétit. Les vêtemens exigeraient aussi une attention particulière, car il est cruel de voir voyager en toute saison des malheureux presque nus, qui, pour arriver à leur destination, ont cinquante, soixante, quelquefois deux cents lieues à faire. M. l'avocat Liouville, qui m'accompagnait, me fit remarquer un nommé Perlot, condamné aux galères perpétuelles, pour avoir donné d'un coup de couteau la mort à un homme avec lequel il voulait se battre. Ce condamné, âgé de vingt-sept ans, était marié et avait un enfant en bas âge. Ses malheurs et un extérieur fort doux me prévinrent en sa faveur. Les détails que je reçus de

M. Liouville, son défenseur, paraissent démontrer que ce malheureux, étant dans un état d'ivresse, avait été provoqué par l'individu qu'il a malheureusement tué. Ce pauvre ouvrier, lorsque je soulevai les fers qu'il avait aux pieds, pour m'assurer de leur poids et voir s'ils n'étaient pas trop serrés, fut touché jusqu'aux larmes, et me fit les plus vifs remerciemens.

A côté de lui étaient deux forçats libérés, condamnés également à perpétuité pour avoir volé pendant la nuit sur une grande route. Ces jeunes criminels, à peine âgés de vingt-un à vingt-cinq ans, parlaient de leur position avec une grande indifférence. Le moins âgé, à qui je demandais des détails sur sa jeunesse, me répondit avec sang-froid : « Je ne sais ce qui me pousse au mal depuis que j'ai l'*âge de raison*, mais rien ne me corrige; j'ai déjà été deux fois emprisonné à la maison de Clairvaux; j'y souffrais bien, mais les camarades que j'avais la première fois m'ont si bien appris le *métier* que c'est plus fort que moi, il faut que je vole. J'ai tort, j'en suis fâché, mais c'est mon sort d'être ainsi. »

Je lui demandai s'il savait lire et écrire :

« Non, monsieur ; *si j'avais été moins ignorant, je ne serais pas aussi coupable.* »

Ce jeune homme était blême et paraissait épuisé de fatigues ; la débauche des prisons était peinte dans ses yeux abattus et presque éteints ; enfin ce malheureux n'avait plus la physionomie de son âge ; c'était un cadavre prêt à descendre au tombeau.

J'ai vu aussi avec horreur dans une des chambres un pauvre fou, encore jeune, qu'il eût été bien plus humain de placer dans un hospice. J'exprimai au docteur Brion le regret de voir des aliénés dans une maison où ils ne peuvent recevoir les soins que nécessite leur position. Le concierge me dit franchement qu'il partageait cette idée, et que déjà il avait fait des observations à cet égard ; puis il ajouta : « On m'a amené dernièrement une femme qu'on voulait interdire comme folle ; elle l'était en effet, et, après bien des souffrances, elle est *morte* le 26 mai de cette année, c'est-à-dire après treize mois de détention. »

A côté de la chambre que je venais de visiter était un homme condamné aux travaux forcés à perpétuité pour avoir tué son maître. Ce criminel avait des momens de fureur qui ne permettaient plus de lui parler sans crainte d'être frappé.

« Lorsque je lui adressai la parole, il parut étonné; mais ensuite il me dit avec tranquillité: « Mon maître me traitait mal, je l'ai tué avec une hache pour m'en débarrasser. »

Voulant m'assurer de l'état de ce criminel, j'ajoutai : « Êtes-vous fâché de vous entretenir avec moi? — Non, pourvu que vous ne me tourmentiez pas. » J'ai cru lire dans ses yeux que toute autre question pourrait bien l'importuner, et je me retirai.

VAUCOULEURS.

C'est dans une vieille maison servant de caserne à la gendarmerie que se trouve la prison de Vaucouleurs. A l'époque de ma visite, les détenus rendaient tous de la concierge les témoignages les plus flatteurs. En effet, cette brave femme était excellente pour eux, et ne négligeait rien de ce qui pouvait rendre leur position plus supportable. Son éloge était écrit sur tous les murs de la maison par les malheureux prisonniers qui, en partant pour d'autres destinations, montraient les plus vifs regrets d'être à l'avenir privés de ses soins et de ses consolations. La chambre destinée aux hommes n'est pas mal située, mais celle des prisonnières est affreuse.

En quittant Vaucouleurs, je voulus passer par le petit village de Domremy. Cet endroit, célèbre par la naissance de Jeanne d'Arc, offre au voyageur des souvenirs pleins d'intérêt : on s'empresse de demander où se trouve la maison qu'habita l'illustre villageoise. On apprend alors que Louis XVIII, pour perpétuer utilement la mémoire de Jeanne d'Arc, avait ordonné la construction d'une école d'enseignement mutuel pour les jeunes filles de Domremy. Ce monument, vraiment digne de sa destination, a cependant été élevé assez maladroitement devant la maison gothique où naquit la guerrière courageuse; en sorte qu'aujourd'hui cette habitation est masquée par le bâtiment de l'école. Cette institution, supprimée par l'influence des jésuites sous la restauratoin, est sans doute rétablie aujourd'hui.

NEUFCHATEAU.

Le bâtiment de cette prison est bien situé. Les chambres sont saines; mais il est fâcheux de n'y pas trouver de lits de camp pour les détenus, car la paille sur laquelle ils couchent se conserverait beaucoup mieux si elle n'était pas à terre, et continuellement foulée aux pieds.

Les cachots sont, en général, malsains. J'ai remarqué qu'il en existait un totalement privé d'air. A une chaîne d'environ deux pieds de long est attaché un gros anneau de fer qui s'ouvre en deux pour être mis au cou du condamné placé dans cet affreux souterrain. Ainsi le malheureux, que cette chaîne retient presque toujours assis, ne peut sortir sous aucun prétexte; il est obligé, pendant vingt-quatre heures (puisqu'on ne le visite qu'une fois par jour), de boire, manger, dormir, etc., dans un espace d'environ dix pieds carrés : ce cachot est d'une humidité extrême, qu'augmente encore le manque total d'air. Il est vrai que l'on s'en sert rarement; mais n'en ferait-on usage qu'une fois par an, ce serait encore trop.

Les prisonniers sont aussi privés, durant la plus grande partie de la journée, de se promener dans les cours; et, puisqu'ils ne travaillent pas, je ne conçois pas l'utilité de leur retrancher la liberté dont ils peuvent jouir sans danger. Du reste les hommes sont séparés des femmes, et la nourriture est conforme aux règlemens.

Parmi les détenus j'ai remarqué un jeune homme qui mérite une mention toute particulière. Prussien d'origine, et luthérien, ce prisonnier vivait depuis plus de trois ans à Landaville, petit village, où M. May, israélite bienfaisant, l'occupait en qualité de conducteur de voitures. La conduite de cet homme n'avait jamais donné lieu à aucune plainte. Il vivait tranquille, et désirant épouser une paysanne catholique, le curé parut disposé à bénir leur union, pourvu que le luthérien embrassât notre religion : à cet effet il avait déjà eu plusieurs conférences avec cet ecclésiastique sur les avantages de la religion catholique; mais ne trouvant pas les raisons du curé suffisantes pour abandonner le culte de ses pères, il renonça à l'idée de se convertir. Le curé, peu satisfait de cette résolution, menaça le luthé-

rien, et, sur la demande du maire de Landaville, Ackermann fut arrêté chez ce magistrat
par des gendarmes qui l'amenèrent à la prison
de Neufchâteau. Là, ce malheureux pleura
amèrement, en réclamant contre une mesure
aussi extraordinaire. Le mandat d'arrêt accusait
Ackermann de vagabondage, lui qui, dès sa jeunesse, avait servi dans les rangs de notre vieille
armée, et, revenu des camps, avait adopté la
France pour sa nouvelle patrie ; lui qui n'avait
jamais provoqué aucune mesure de l'autorité, et
à qui le maire de Landaville lui-même avait
donné plusieurs certificats de vie et mœurs irré-
prochables ; et c'est après trois ans de séjour pai-
sible dans sa commune, où il gagnait deux et trois
francs par jour, qu'un mandat d'arrêt, délivré
par le procureur du roi d'alors, d'après la demande du maire, arrachait à ses travaux un ouvrier honnête! Les dignes magistrats du tribunal de Neufchâteau, devinant l'origine de cet
acte arbitraire, s'empressèrent de déclarer qu'il
n'y avait pas lieu à suivre contre Ackermann,
et ordonnèrent qu'il fût de suite mis en liberté.
L'affaire en était là lorsque le remplaçant de
M. le sous-préfet, qui était absent, exigea que

M. May répondit d'Ackermann, pour que l'ordonnance du tribunal eût son effet; «car, disait cet administrateur, je garderai cet homme en prison jusqu'à ce que M. le préfet fasse connaître s'il ne s'oppose pas à son séjour dans ce département, et si monseigneur le ministre de l'intérieur n'ordonne pas de le faire reconduire, par la gendarmerie, sur les frontières.»

Cette anecdote, qui s'est passée sous la restauration, nous exempte de tout commentaire sur les abus dont on était chaque jour témoin à cette époque. Puisse l'administration d'aujourd'hui ne pas perdre de vue que c'est par de semblables persécutions qu'un pouvoir perd l'autorité morale qui lui est indispensable pour faire le bien et empêcher le mal.

Je ne dois pas oublier, à l'occasion de la prion de Neufchâteau, de mentionner honorablement la conduite du sieur Hennequin, perruquier des prisonniers. Cet homme, depuis vingt-cinq ans, se rend gratuitement à la maison d'arrêt pour donner ses soins aux détenus. Avant lui, son père a rendu le même service pendant trente-cinq ans; en sorte que, depuis soixante ans, ces braves gens n'ont point cessé d'être utiles aux prisonniers.

Hennequin ne borne pas là sa charité : il court souvent chez des personnes sensibles pour leur demander quelques secours pour les malheureux qu'il voit à la maison de détention. S'il ne fait pas *sa bonne moisson*, il prend ses modiques épargnes, et les détenus reçoivent des secours dont ils ne connaissent même jamais la respectable source. Le conseil des prisons de Neufchâteau a fait cadeau à Hennequin d'une belle tabatière, pour lui témoigner la satisfaction que son zèle inspirait au comité.

En cessant de parler de Neufchâteau, je ne dois pas oublier que le préfet actuel, M. Siméon, a bien voulu me promettre d'accorder toute son attention aux améliorations dont la prison de cette ville est susceptible.

ÉPINAL.

Deux maisons sont destinées aux détenus : l'une aux prévenus et aux condamnés à des peines correctionnelles; l'autre à ceux qui ont subi des arrêts rigoureux.

La première se compose de trois quartiers, celui des prévenus, celui des condamnés, et celui des femmes : dans la seconde le local des femmes est aussi séparé de celui des hommes.

L'air que respirent les prisonniers est pur et circule librement dans les chambres. Les cachots sont plus élevés que le sol; des tuyaux d'appel sont établis entre les principales fosses d'aisances et les cheminées des cuisines où ils aboutissent. Chaque quartier a sa cour, où des eaux limpides viennent se déverser. L'hiver, dans chacun d'eux, un local commun est échauffé pendant le jour. Des infirmeries sont destinées à recevoir les malades, et même quelquefois le médecin peut en faire transférer à l'hôpital s'il juge que l'état du prisonnier exige cette mesure. La paille des lits est de seigle, parce qu'elle résiste mieux que celle de blé : on en change fréquemment. Les bois de lits servent à la recevoir, dans la maison d'arrêt et et de correction. Des couvertures sont destinées aux malades, et s'utilisent encore pour d'autres prisonniers.

Le linge est blanc de lessive. Une cour est destinée à la destruction de la vermine dont les habits seraient imprégnés, et une baignoire aux usages de propreté et de santé.

Les alimens sont sains, le pain d'une excellente qualité; les prisonniers en ont une livre et demie par jour. Trois fois par semaine ils ont de la viande et du bouillon, et les quatre autres jours un potage. Les sexagénaires, les condamnés à mort, et les malades auxquels cela est utile, ont tous les jours une livre de pain blanc, de la viande et du bouillon.

Les enfans en bas âge que les mères y amènent, et y gardent avec elles, ont aussi des secours sans être écroués.

L'eau vive des fontaines sert à la boisson; et pendant les grandes chaleurs on donne du vinaigre pour l'aciduler. Depuis le matin jusqu'au soir les prisonniers peuvent se promener.

Il est à regretter que des ateliers ne soient point placés dans les vastes salles de la nouvelle prison, et ne donnent point aux détenus un autre genre d'occupation.

Les prisonniers en général ont un air de santé qu'on rencontre malheureusement bien rarement.

Avant de quitter la maison de justice, un homme s'approcha de moi et me dit avec l'accent de la plus profonde douleur : « Monsieur, je suis bien heureux de pouvoir vous entretenir. Votre visite, que nous attendions tous avec la plus vive impatience, nous fait oublier nos peines. Les miennes sont cruelles : j'attends de jour en jour la mort, ou la réussite de mon pourvoi en grâce. Pouvez-vous m'accorder votre protection ? Je suis innocent du crime pour lequel j'ai été condamné : non, monsieur, je n'ai pas voulu tuer mon frère. » Ne m'attendant pas à ce triste récit, je ne pus déguiser l'émotion qu'il me causait ; Guillot s'en aperçut et me dit les larmes aux yeux : « Que vous êtes bon de m'écouter avec tant d'humanité ! Hélas ! depuis ma condamnation vous êtes le premier qui paraissiez touché de mon infortune. » Le maire, le médecin, le concierge, témoins de cette scène, furent attendris, et pour entendre plus librement le malheureux Guillot, j'allai avec lui seul dans son cachot ; j'en fermai la porte, et alors je fis à ce condamné toutes les questions qui, sans l'humilier, pouvaient me faire juger sa moralité. J'obtins sans peine toute sa confiance, et il parut étonné de la tranquillité que je conservais en lui parlant, surtout étant seul avec lui. La conversation de ce détenu était pleine d'intérêt, et je n'osais croire à sa culpabilité; cependant le jury, pour prononcer la peine de mort, avait eu de fortes preuves. Dans la crainte d'abuser de la complaisance du maire, je quittai Guillot, qui me serra les mains comme s'il me disait un éternel adieu!

Toute la journée je fus tourmenté, et Guillot occupait toute ma pensée; le soir j'appris chez M. Doublat que l'ordre de l'exécution venait d'arriver, et que le lendemain à midi le malheureux aurait cessé d'exister.

Je rentrai à dix heures à mon logement, disposé à partir d'Épinal le lendemain de bonne heure pour me soustraire aux tourmens que me causait Guillot; mais il ne me fut pas possible de suivre ce projet, car Guillot, par une lettre pressante, me priait de venir encore une fois le visiter. Un tel vœu était un ordre, et malgré la douleur que devait me causer cette dernière entrevue, je me rendis à neuf heures à la prison.

Le respectable aumônier des hussards du Haut-Rhin, en garnison à Épinal, était dans le cachot de Guillot et le préparait à mourir. Lorsque cet ecclésiastique sortit, il était dix heures; notre malheureux n'avait donc plus que deux heures à vivre. J'avoue qu'il m'en coûtait de le revoir, cependant je m'efforçai d'avoir bonne contenance auprès de lui. J'entrai dans son cachot comme la veille, et je fermai la porte. Guillot parut content de ma visite; je m'assis à côté de lui sur son lit, car il n'avait qu'une chaise. Ce pauvre homme me dit à cette occasion : « Je ne puis vous exprimer combien votre confiance envers moi me console et me touche. »

Guillot à ce moment ne savait pas encore s'il allait mourir, mais je crois qu'il s'en doutait, en raison du bruit de la cloche du concierge qui avait été beaucoup plus fréquent qu'à l'ordinaire. Je craignais d'entrer en conversation sur ce pénible sujet; mais Guillot paraissait au contraire le désirer; aussi il m'adressa avec fermeté cette question : « Croyez-vous que mon pourvoi soit rejeté? dites-moi la vérité, je suis prêt à mourir. » Ne voulant pas lui donner des espérances qui allaient si promptement se démentir, je lui répondis vaguement. Il me dit ensuite que ses fers étaient bien serrés, et que la croisée du cachot fermait si mal qu'il avait une fluxion. Cette observation me faisait croire qu'il ne songeait pas à la mort; il parut deviner cette pensée, et alors il reprit avec un accent de bonté : « Ce n'est pas pour moi que je vous dis cela, c'est pour ceux qui me remplaceront ici. »

Guillot me parla beaucoup de son frère, « qui, disait-il, avait causé son malheur, en déposant contre lui lorsque la justice l'accusait d'avoir voulu le tuer d'un coup de fusil ; à sa place j'aurais excusé mon frère, mais, loin de cela, il fit toutes les démarches auprès des jurés pour leur faire croire que s'il m'acquittaient, je serais capable de recommencer à tirer sur lui. Vous voyez, monsieur, combien je devrais le haïr. Cependant je lui pardonne cette conduite : que Dieu veuille le laisser vivre en paix ! quant à moi, je n'ai d'espérance que dans mon courage et ma résignation. »

La physionomie de Guillot inspirait l'intérêt ; ses yeux étaient vifs, et rien en lui ne repoussait la compassion.

Après cette conversation, j'entendis sonner onze heures ; et, malgré moi, je me levai brusquement ; Guillot se leva aussi, et, je ne sais pour quelle raison, il me demanda où j'allais en sortant de la prison, si je restais encore long-temps à Épinal, où je me rendrais ensuite ;

et si mon voyage serait encore long. Je lui répondis que j'espérais aller dans plusieurs autres départemens avant de rentrer à Paris. « Tant mieux, répondit-il, vous consolerez bien des malheureux. Vous remplissez là une belle mission; continuez-la pour le bonheur de mes compagnons d'infortune. » Cette dernière phrase fit sur moi une grande impression; je remerciai Guillot, et lui dis que je le quittais avec regret. Il me prit la main, me regarda fixement, puis leva les yeux au ciel, en prononçant d'une voix entrecoupée par les larmes ces mots : « Adieu : croyez à ma vive reconnaissance. Nous nous reverrons dans un autre monde. Adieu, monsieur; ne m'oubliez jamais. »

Je quittai la maison de justice avec une émotion impossible à décrire, mais qui ne s'effacera jamais de mon esprit. A midi, Guillot, conduit au supplice, mourut avec sang-froid : sa dernière pensée fut pour moi; je l'ai reçue avec gratitude, puisque ma pénible visite a pu rendre moins amère la fin de son existence.

FIN DU TOME PREMIER.

TABLE DES MATIÈRES

CONTENUES DANS LE PREMIER VOLUME.

PREMIERE PARTIE.

BICÊTRE.

DEUXIÈME PARTIE.

PRISONS DES DÉPARTEMENS ET DE L'ÉTRANGER.

FIN DE LA TABLE DU PREMIER VOLUME.

ERRATA.

Page 251, 1re ligne, *au lieu de* : rapporte, *lisez*, ne rapporte.

Page 225, 1re ligne, *au lieu de* : L'ombre de Catherine de Médicis, *lisez*, Marie de Médicis.

Page 255 au titre, *au lieu de* : Prisons d'Indre-et-Loir et de Loir-et-Cher, *lisez*, Prisons du Loiret, d'Indre-et-Loir, etc.

DU MÊME AUTEUR,

Chez GUILBERT, 21 bis, quai Voltaire.

JOURNAL DES PRISONS.

Collections de 1825 à 1833.

TRAITÉ D'ÉDUCATION

POUR LES ADULTES, LES ORPHELINS ET LES PRISONNIERS.

MANUEL

DES ÉCOLES RÉGIMENTAIRES D'ENSEIGNEMENT MUTUEL.

RAPPORT SUR L'ÉTAT DES PRISONS

DES DÉPARTEMENS DE LA SOMME, DU PAS-DE-CALAIS ET DE L'AISNE.

Chez ROUX, éditeur, 54, rue des Gravilliers.

SOUS PRESSE :

LES ILLUMINÉS,

1 volume in-8°.

PAR

EMMANUEL GONZALÈS

ET

PAUL GENTILHOMME.

PARIS.— IMPRIMERIE DE BOURGOGNE ET MARTINET,
rue du Colombier, 30.

www.ingramcontent.com/pod-product-compliance
Lightning Source LLC
Chambersburg PA
CBHW071632270326
41928CB00010B/1881